ちくまQブックス

人生が変わるゲームのつくりかた

いいルールってどんなもの？

米光一成

筑摩書房

本文イラスト
米村知倫

人生が変わるゲームのつくりかた
——いいルールってどんなもの？

目次

第1章

そもそも、ゲームってなに？

『ぷよぷよ』をつくった人です

ゲーム作家の米光一成《よねみつかずなり》です。ゲームづくりが職業です。

代表作は、落ちモノパズルゲーム『ぷよぷよ』。1991年にリリースした最初の『ぷよぷよ』を企画監督《きかくかんとく》しました。大ヒットして、いろいろなゲーム機で遊べるようになり、シリーズ作品がたくさん出ました。累計販売《るいけいはんばい》本数約2700万だそうです。たくさんの人が遊び、楽しんでもらえるゲームになりました。

その後、『バロック――歪《ゆが》んだ妄想《もうそう》』と

いうゲームを出します。３ＤのＲＰＧです。退廃的《たいはいてき》で暗い世界観のゲームで、三大歪みゲーのひとつに数えられ、カリスマ作品と呼ばれたりしています。発売は１９９８年なのですが、20年以上たった今でもファンの人が二次創作などの活動を続けてくれています。ゲーム中の鍵《かぎ》となる２０３２０５１４という数字が、２０３２年5月14日と解釈《かいしゃく》されて、毎年5月14日は大熱波の日（ゲーム中で地球が大きく歪む日です）として盛り上がっています。

テーブルゲームの制作もやっています。テーブルゲームというのは、みんながテーブルを囲んで遊ぶタイプのゲームです。ボードゲーム、カードゲームなど、いろいろな種類があります。

ぱっと思《おも》い浮《う》かぶのは、トランプ、将棋《しょうぎ》、囲碁《いご》、人生ゲームなどでしょうか。『マジック：ザ・ギャザリング』『ポケモンカードゲーム』『遊戯王《ゆうぎおう》ＯＣＧ』といったトレーディングカードゲーム（トレカ）も、テーブルゲームです。

それ以外にも、たくさんのゲームがつくられています。

ぼくは、２０１４年から本格的にテーブルゲームをつく

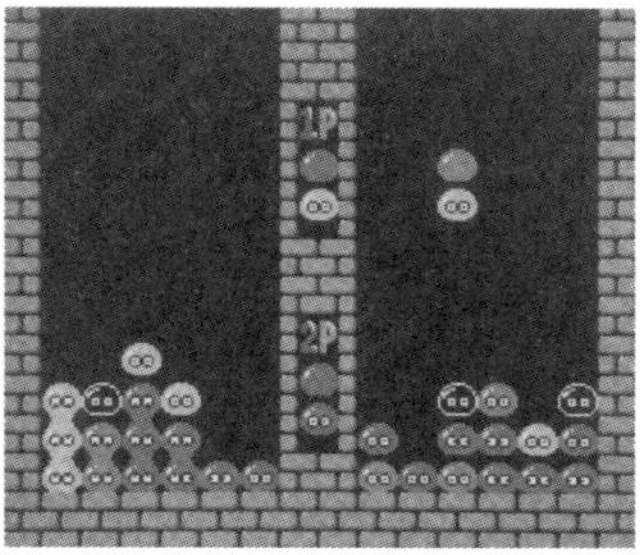

『ぷよぷよ』はこんなゲーム

り始めました。

代表作は『はぁって言うゲーム』です。日本国内だけでシリーズ累計100万部を突破《とっぱ》しました。カプセルトイになったり、マクドナルドのハッピーセットのオマケになったりもしました。英語版なども発売して、いまでは世界各国で遊ばれるゲームになりました。

『あいうえバトル』というゲームもつくりました。これは、ゲームカフェ（ボードゲームやカードゲームを遊ぶことができるカフェのことです）でたくさん遊ばれていて人気です。

『記憶交換《きおくこうかん》ノ儀式《ぎしき》』という「ゲーム」もつくりました。儀式長であるぼくが進行するので、開催《かいさい》される日時にリアルな場に集まらないとプレイできない秘密のゲームです。

コンピュータゲーム、アナログゲーム、ライブ・イベントのゲームなど、いろいろなゲームをつくってきました。

ゲームづくりの奥義《おうぎ》

ゲーム作家として、ぼくが共通してやっている大きな部分は「ルールづくり」です。どうなったら勝ちなのか？　その勝利はどうやって目指すのか？　ルールをつくって、それが遊びやすいようにモノをつくります。カードだったり、ボードだったり、コマだったり。どんなキャラクターを描《か》くのか、どんな世界設定にするのかも考えます。

絵や音楽やプログラムは、分業することが多いです。「こんな絵を描いて」とグラフィッカー（絵を描いたりする人です）に頼《たの》んだり、「こんなタイミングで流す音楽をつくって」と音楽家の人に頼んだり、「こういうゲームをつくりたいからプログラムを組んで」とプログラマーの人に頼みます。

そうやって、みんなで協力してゲームをつくっています。

でも、一番最初のアイデアやルールは、ひとりでつくることが多いです。孤独《こどく》な作業です。でも、楽しい。

その楽しさを広めるために「ゲームづくり道場」やデジタルハリウッド大学などで「ゲームづくり」のあれこれを伝授しています。

この本は、そんな米光一成が、**ゲームづくりの奥義を書き記した本**です。ゲームのいちばん根っこの部分、そして一番大切な部分が習得できるガイドブックでありハウツー本です。

ゲームを分析《ぶんせき》する3つの視点、ゲームづくりの道のり、勉強や人生をゲームのように楽しくする方法などを、ゲームを遊んだりしながら、身につけていくことができる内容になっています。

ぜひ、この本を読んで、ゲームをつくってください。将来、100万本、2700万本の大ヒットゲームをつくって儲《もう》けたら、寿司《すし》でも奢《おご》ってください。

ゲームの核《かく》ってなに？

そもそもゲームってなんでしょうか？「ゲームとはなにか」は専門家のあいだでも意見が統一できていません。でも、ここでは、ざっくりと次のように定義しましょう。

ゲームとは、ルールにもとづいて遊び、楽しい場を生み出そうとすることである。

これから学ぶゲームづくりは、「ルールのつくりかた」です。なぜなら、ゲームの核《かく》は「楽しさを生み出すためのルール」だからです。

もちろんゲームの楽しさを生み出す要素はルールだけではありません。美麗《びれい》なグラフィックス、豪華《ごうか》なサウンド、エキサイティングな物語、魅力的《みりょくてき》なキャラクターなどなど、「楽しさ」を生み出すために、いろいろなものごとを集結させます。でもじつは、それらを繋《つな》げて一つのものにするゲームの核が「ルール」なのです。

グラフィックのない音だけで遊ぶゲームや、音楽のないゲーム、物語のないゲームなどはあるけれど、ルールがないゲームはありません。ルールがないと、プレイヤーはなにをやればいいのかわからなくなっちゃうからです。

コンピュータゲームでも、テーブルゲームでも、リアルな場で遊ぶゲームでも、スポーツでも、どんなゲームにも、ルールはあります。だから、**ゲームづくりを理解するためには、楽しさを生み出すルールのつくりかたを習得する必要があります**。

ゲームづくりを学ぶとなにかいいことがある？

ゲームづくりを学ぶとなにかいいことがあるのでしょうか？　もちろん、最初に書いたように商品にして売れれば儲かるのでウハウハできます。

でも、商品にしなくても、ゲームづくりを学ぶと、人生が楽しくなります。

なぜなら、**ルールは、あなたの人生のどこにでも存在する**からです。たとえば学園生活にもルールがあります。ぼくが中学生だったときもルールがありました。8時20分から学校が始まるので、それまでに教室にいないといけない。いなければ「遅刻《ちこく》」になり怒《おこ》られました。授業が始まれば、席に座《すわ》ってなければいけません。

家庭のルールもあるでしょう。よる8時から9時は勉強しなければならない、やりたくないときでもひとまず机に向かって座って勉強してるふりはしなければならない、とか。

さまざまなルールに囲まれて、わたしたちは生きています。いいルールもあるし、イヤなルールもあります。生徒手帳に明記されているルールもあれば、なんとなく守っているルール（暗黙《あんもく》のルール！）もあります。

このルールを改善するスキルを身につけることができたらどうでしょう？　イヤなルールを、楽しさを生み出すルールに変えることができれば、人生が楽しくなります。

参加する人みんなが楽しくなるルール

あなたがゲームをつくったとします。あなたは、ゲームを遊ぶために友達を誘《さそ》います。どんなゲームなのか説明します。このとき、友達が「このゲームに参加すると（つまり、あなたの考えたルールに従えば）楽しいだろう」と思えば、参加してくれるでしょう。

でも、そう思えなければ参加してくれません。だから**「参加する人みんなが楽しくなるルール」をつくり上げることが大切**です。

生活のルールも変えることができます。でも、ルールは自分ひとりで勝手に変えることはできません。「8時から9時まで勉強するというルールはなくそう！」と宣言しても、親が許してくれないでしょう。みんなが「そのルールいいね！」と思ってくれるルールをつくることが大切です。

勉強をゲームにして、楽しく勉強することもできます（この本を読んで実践《じっせん》してもらえれば、それは可能です）。自分の周りのルールを、楽しくなるためのルールに変えていければ、人生は楽しくなります。

「ゲームとは、ルールにもとづいて遊び、楽しい場を生み出そうとすることである」と定義しました。これは、一般的《いっぱんてき》なゲームよりも広い範囲《はんい》をカバーできる定義です。

たとえば結婚式《けっこんしき》。進行の段取りがあり、それぞれの役割がある。参加者はルールにもとづいて、楽しい場を生み出して、ふたりを祝福している。そう考えると、結婚式もゲームです。参加者はプレイヤーです。

一般的に「これはゲームだな」と思うものとはすこし違《ちが》うスタイルですが、「実はこれもゲームだな」「これはゲームなのか？」というモノはたくさんあるはずです。

本書は、テーブルゲームをつくることによって「これこそがゲームだよな」といった「ストレートなゲーム」のつくりかたを習得することをメインに扱《あつか》っていますが、その先の「これはゲームなのか？」といったモノも視野にいれています。コンピュータゲームをつくるときの根源である「ゲームのおもしろさを生み出すメカニクス」も、本書で学ぶことができます。

さあ、ゲームづくり（＝楽しい場を生み出すルールづくり）を習得して、人生を楽しいものに変えていきましょう。

column

『はぁって言うゲーム』を遊んでみよう

ぼくの代表作である『はぁって言うゲーム』を、ちょっと遊んでみましょう。

ほんとうは、パッケージ版『はぁって言うゲーム』を遊んでもらうのがよいのですが、いま持っていない人もいると思うので、ここでは擬似的《ぎじてき》に、この本だけで遊べるようにしてみます。

2人から8人ぐらいで遊ぶとよいでしょう。

いちばん最近「はぁ」って言った人が親（スタートプレイヤー）です。

お題カードをめくってみんなで見ます。ここでは本書の帯に書いてあるテーマカードを使います（次のページにも載せました）。

お題は2つのうちのどちらかを選んでください（パッケージ版はおよそ30のお題カードが入っています）。「はぁ」と「にゃー」です。

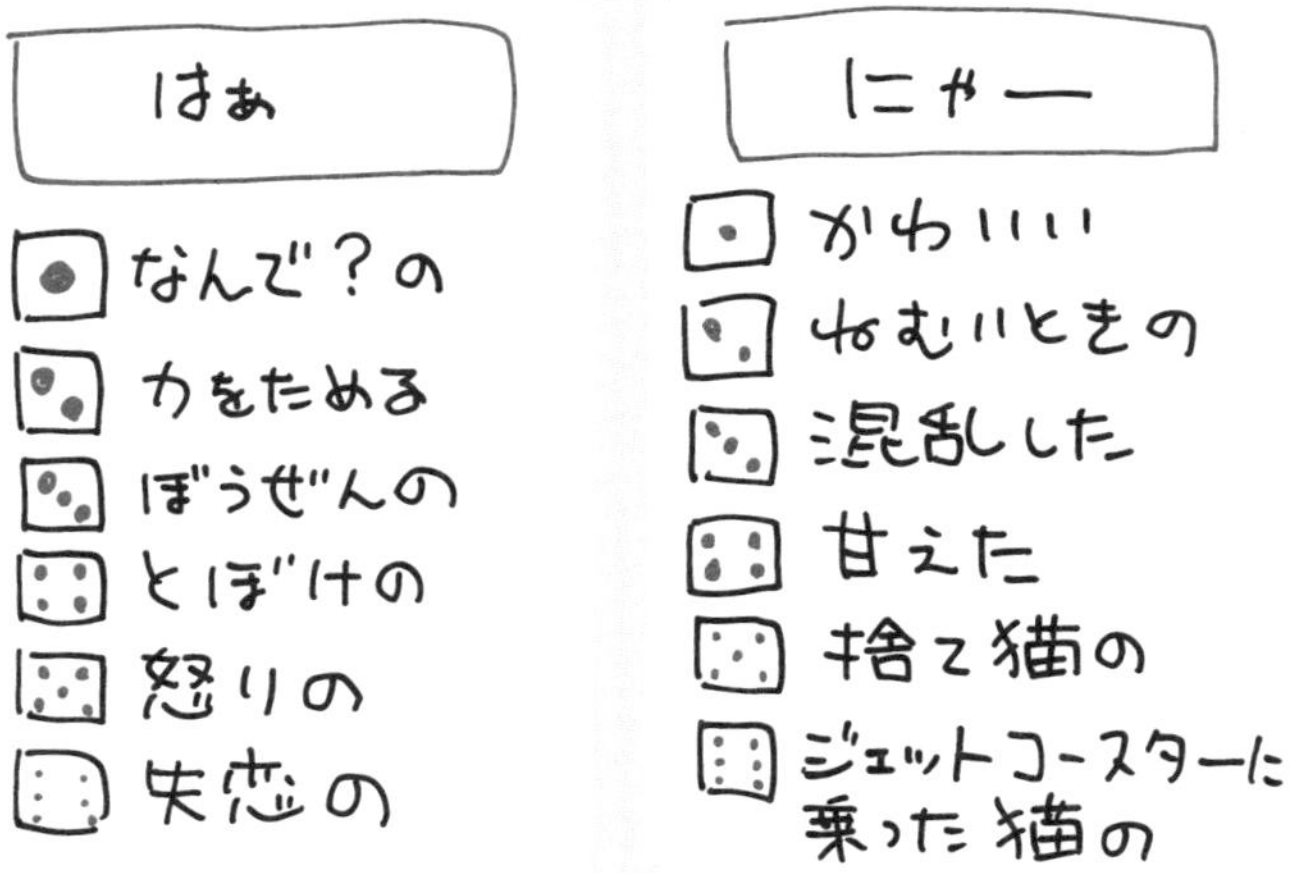

選んだら、親は、本のページをぱらぱらっとめくって、てきとうなところで止めます。

親だけが、こっそりと、ページの右下のサイコロの目を確認《かくにん》します。

親は、そのサイコロの目のシチュエーションを、身振《みぶ》り手振《てぶ》りを使わずに〝声と表情だけ〟で（首から上だけを使って）お題だけを言って演じます。

親以外の人が、どのシチュエーションを演じたか推測します。

「せーの」で何番だったかを言います。

正解した人は1点。親は、正解した人の数だけ点数が入ります。

別の人が親になって繰《く》り返《かえ》しましょう。

column 『はぁって言うゲーム』を遊んでみよう

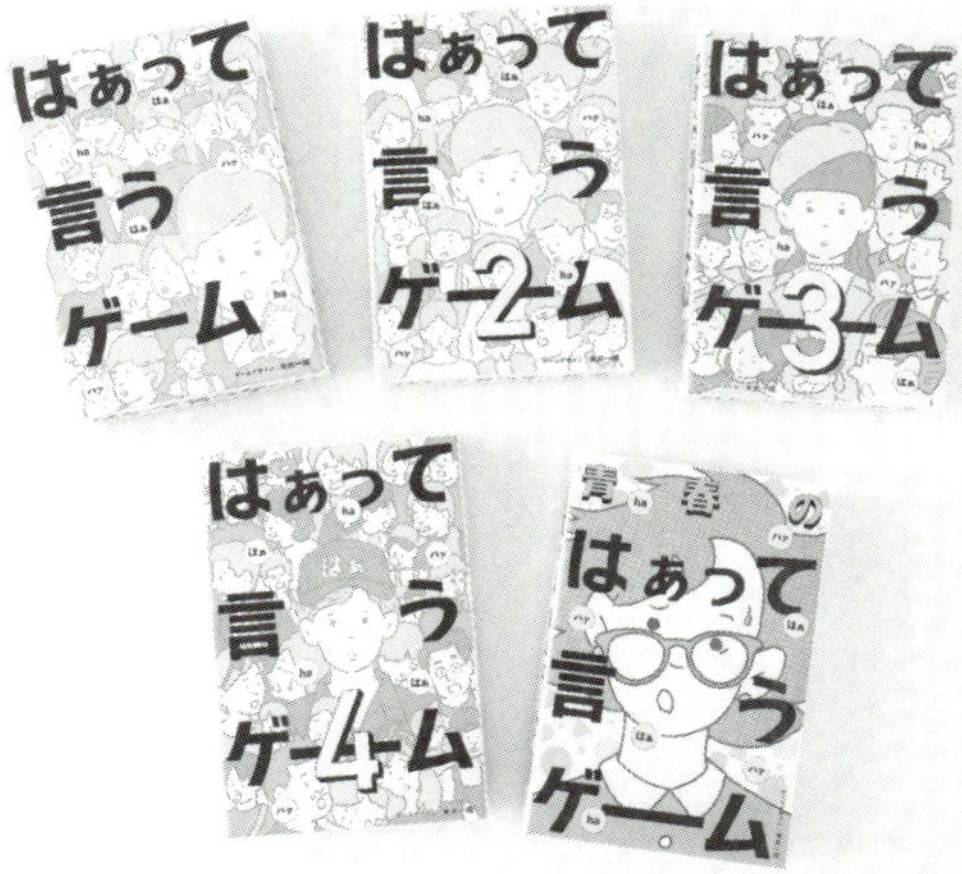

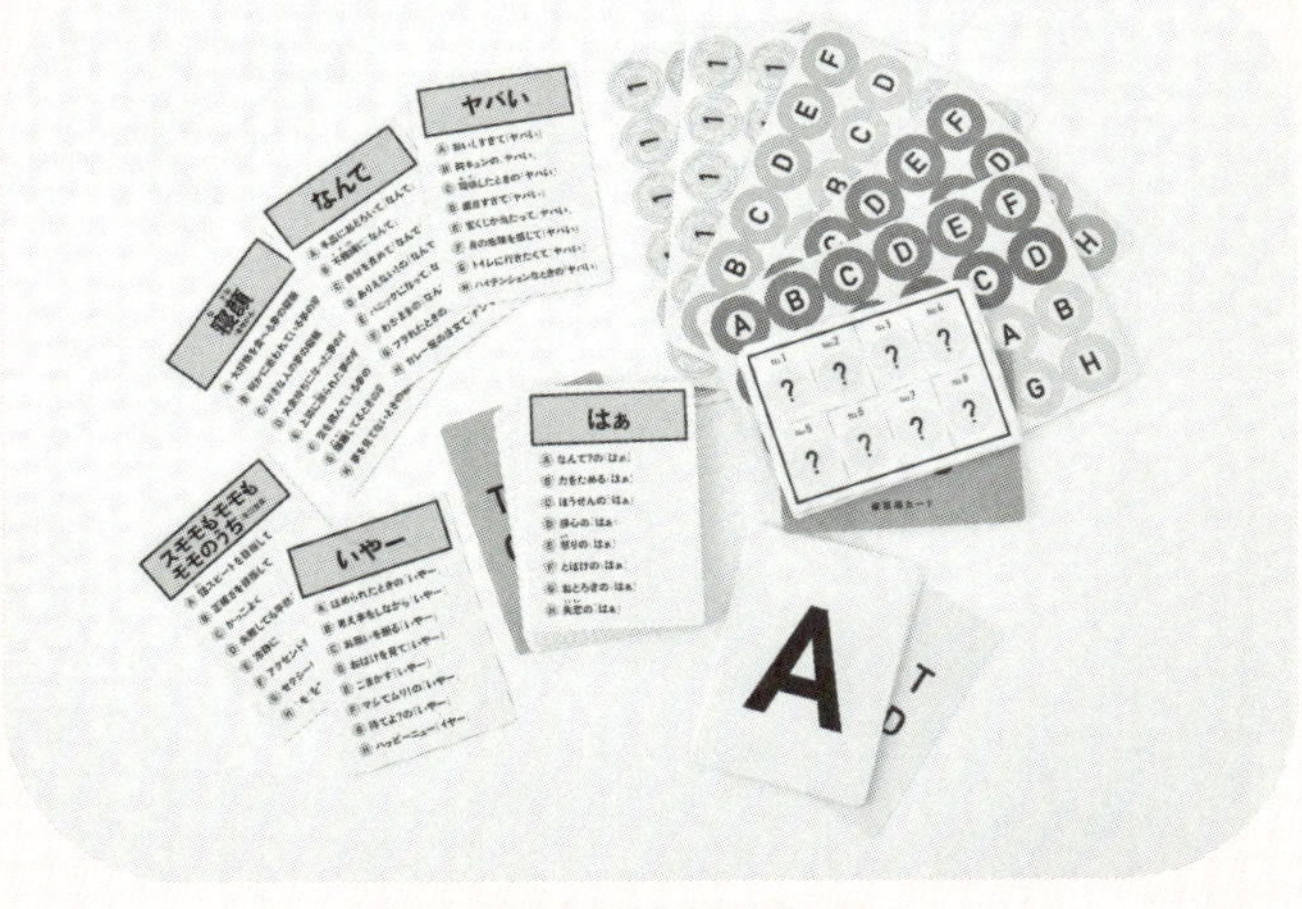

『はぁって言うゲーム』

第2章

ゲームはなんでおもしろいのだろう？

ゲームの箱を見てみよう

ゲームをつくるにあたって、どういったモノから構成されているかを知ることが大切です。

具体例として、ボードゲーム『あいうえバトル』を見ていきます。

まずは、箱。表側にはタイトル「あいうえバトル」と書いてあります。下側に制作者「ゲームデザイン米光一成×Anaguma」。

箱をひっくり返すと、「こどもから大人まで気軽に遊べる言葉の当てっこゲーム！」と写真と図解でどんなゲームなのか簡単に説明しています。

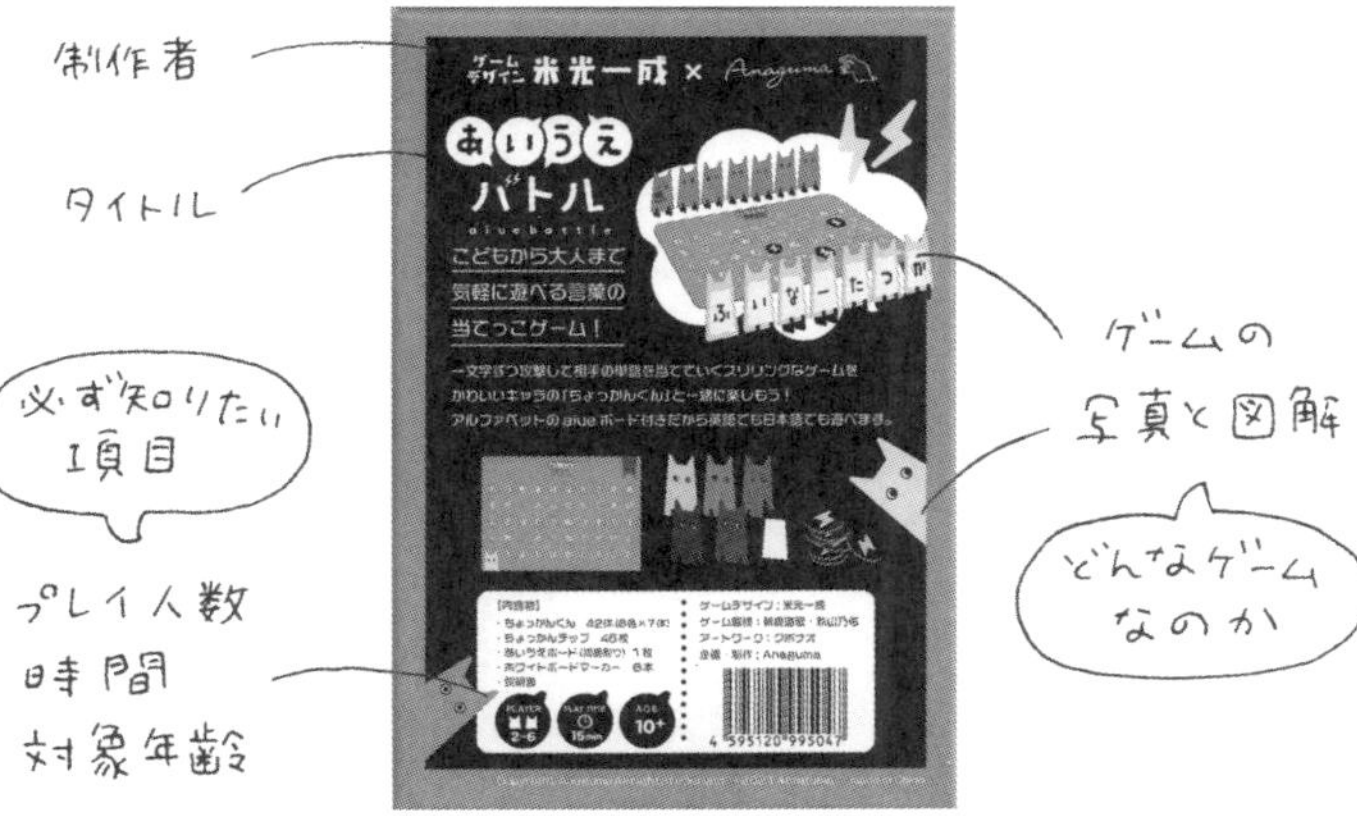

箱からなにがわかるかな

下側に「プレイ人数2～6人　時間15分　対象年齢《たいしょうねんれい》10歳《さい》以上」の表記。

「プレイ人数（Players）」「時間（Time）」「対象年齢（Age）」は、ゲームの基本情報です。ボックスアイコン、もしくはＰＴＡアイコンと呼ばれ、ほとんどのボードゲームの箱に必ず記載《きさい》しています。

「プレイ人数、時間、対象年齢」は、ゲームを買うときに、必ず知りたい項目《こうもく》というわけですね。

ゲームの箱を開いてみよう

さあ、箱を開いてみましょう。

箱の中には、まずルールブックが入っています。

そして、赤いボード（盤《ばん》）。ボードは二つ折りになっていて開くと「あいうえおかきくけこ……」が書いてあります。裏面は「ＡＢＣ……」のアルファベット。

ちょっかんくんというキャラクターが42体。ボードから抜《ぬ》いて、足をとりつけると、立つようになっています。

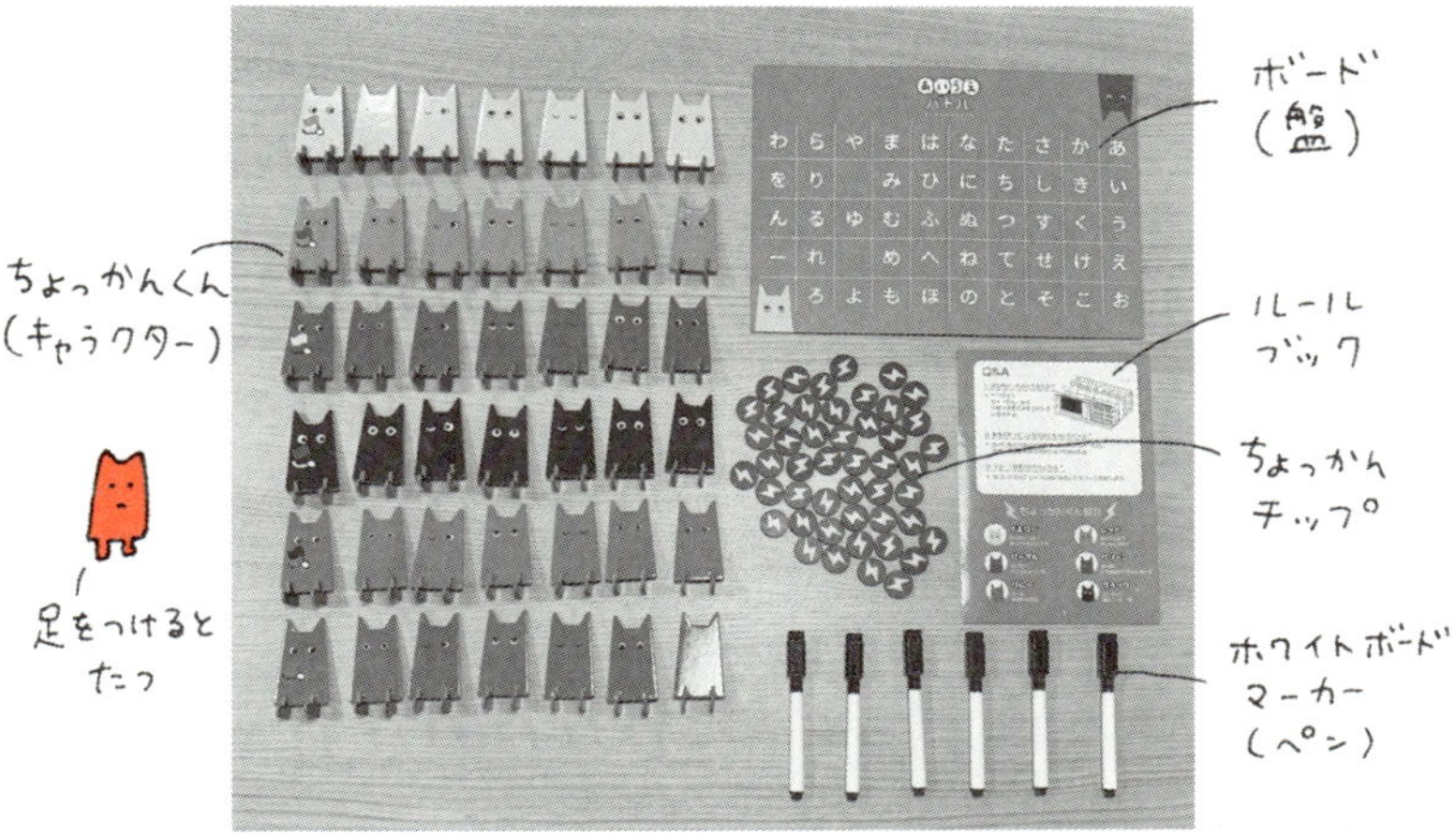

『あいうえバトル』の箱の中

ちょっかんチップが46枚。丸い木のチップです。

ホワイトボードマーカー（ペン）が6本。

『あいうえバトル』はシンプルなルールなので入っていませんが、サマリーと呼ばれるシートが入っていることもあります。

サマリーは、「早見表」「プレイヤーエイド」とも呼ばれます。「最初に配る枚数は何枚だっけ？　あれ、ルールブックのどこに書いてあるか探すのがたいへんだ」ってならないように、重要な部分や、忘れがちなポイントがまとめられたものです（ゲームは楽しむためにやるので、こういった親切な設計が大切です）。

ルールブックを読んでルールをいちど把握《はあく》したら、サマリーを手元に置いてそれぞれが参照

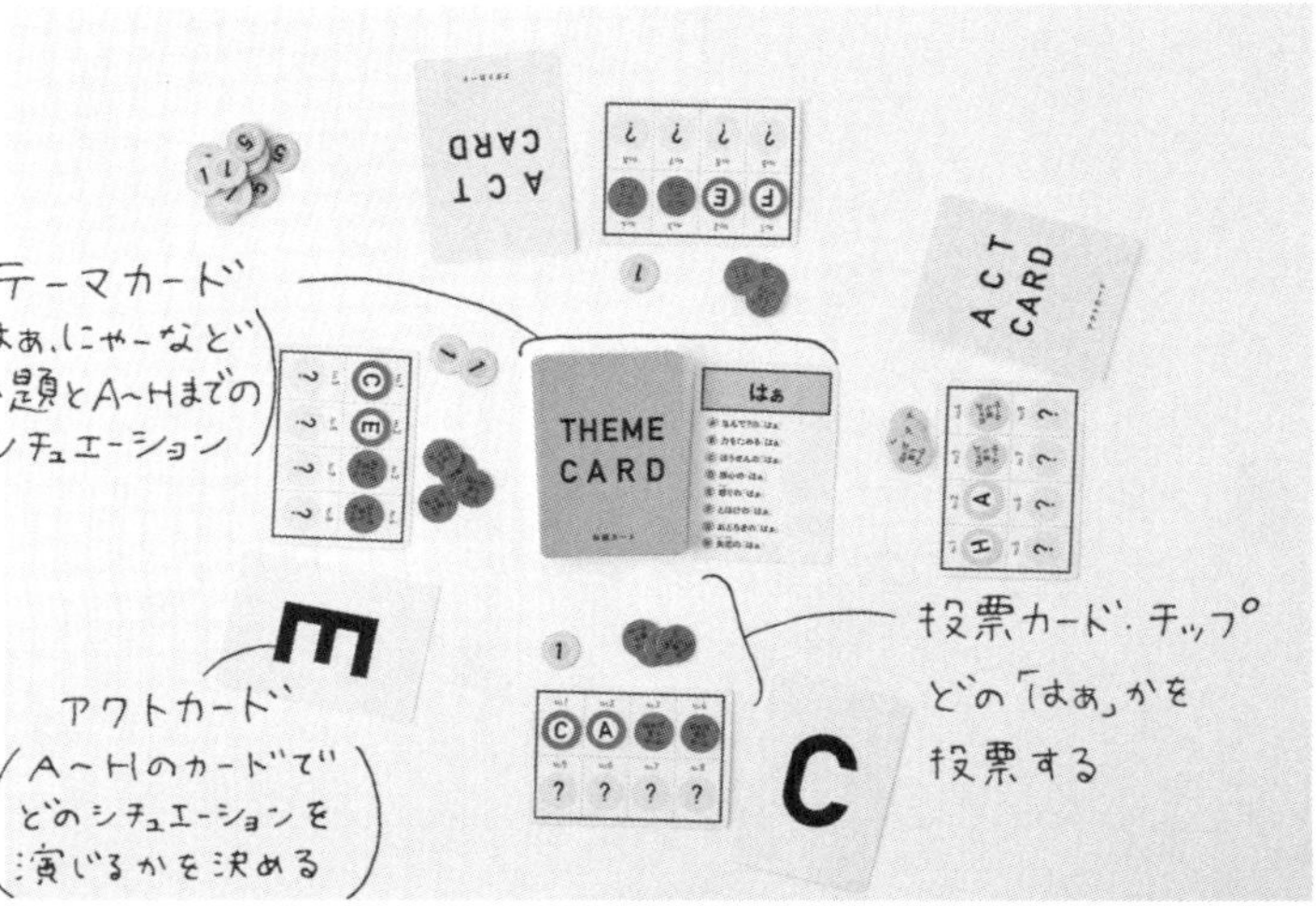

『はぁって言うゲーム』のコンポーネント

します。だから、サマリーはプレイヤー人数分、入っていることが多いです。

もちろん内容物は、ゲームによって異なります。カードだけの場合もある（カードゲーム）し、ボード、サイコロ、コマの場合もあります。フィギュアや立体的に組み上げるものが入っている豪華《ごうか》なものもあります。

プレイヤーが楽しく、遊びやすいように工夫《くふう》を凝《こ》らして、世界観を表すデザインになっているのと同時に、内容物の形状やイラストで、どんなふうに遊ぶのかを示しています。

『はぁって言うゲーム』といったシンプルなゲームでも、遊び方説明書、テーマカード、アクトカード、投票用チップ、投票用カード、得点チップなどさまざまなものがパッケージされています。

さっき遊んでもらったバージョンでは、投票部分は省略しましたが、パッケージ版では、カードやチップなどでゲームプレイをより深く遊びやすく工夫しています。

テーブルゲームはこういったさまざまなものを、遊びやすくひとつにまとめてパッケージにしています。箱に入っているいろいろなものを「**コンポーネント**」と呼びます。

箱の中身でルールを推理してみよう

ボードゲームを遊ぶときは、まずルールブックを読むのがふつうです。でも、親切なゲームは、コンポーネントの形やイラストから、ルールが推測できるようにつくられています。

『あいうえバトル』のコンポーネントからルールを推理してみましょう。

まず、６本入っているペンです。最大プレイ人数が６人なので、ペンは１人１本持つんだろうなと推理できます。

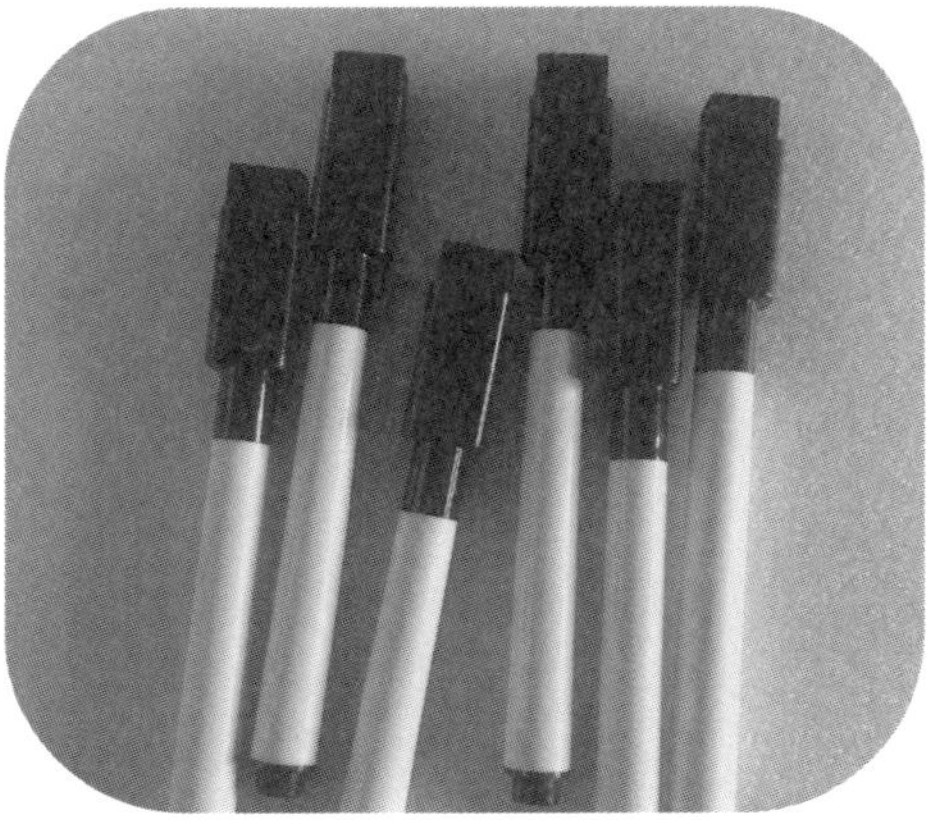

ペン6本

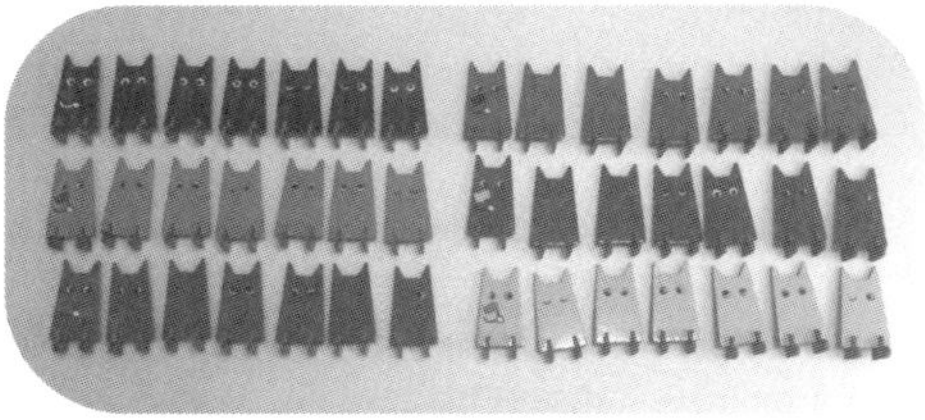

ちょっかんくん6色

さらに、ちょっかんくんが6色。これも1人1色、7体ずつ持つのだろうと推理します。

今回は4人で遊ぶ場合を想定して考えてみましょう。

そうすると、なんとなくこんな形でテーブルに並べるのだろうと推測ができます。これは、箱の裏面にあった写真からも推理できます（19ページ）。

ちょっかんくんの背中側は、白くなっているので、ここに文字を書くのでしょう。

ちょっかんくんチップが46枚入っていて、ボードの「あいうえお」の表には文字が46文字。

だから、チップをこの文字の上に置いていくのだと推理できます。

そして、「言葉の当てっこゲーム」だと箱に書いてあった。

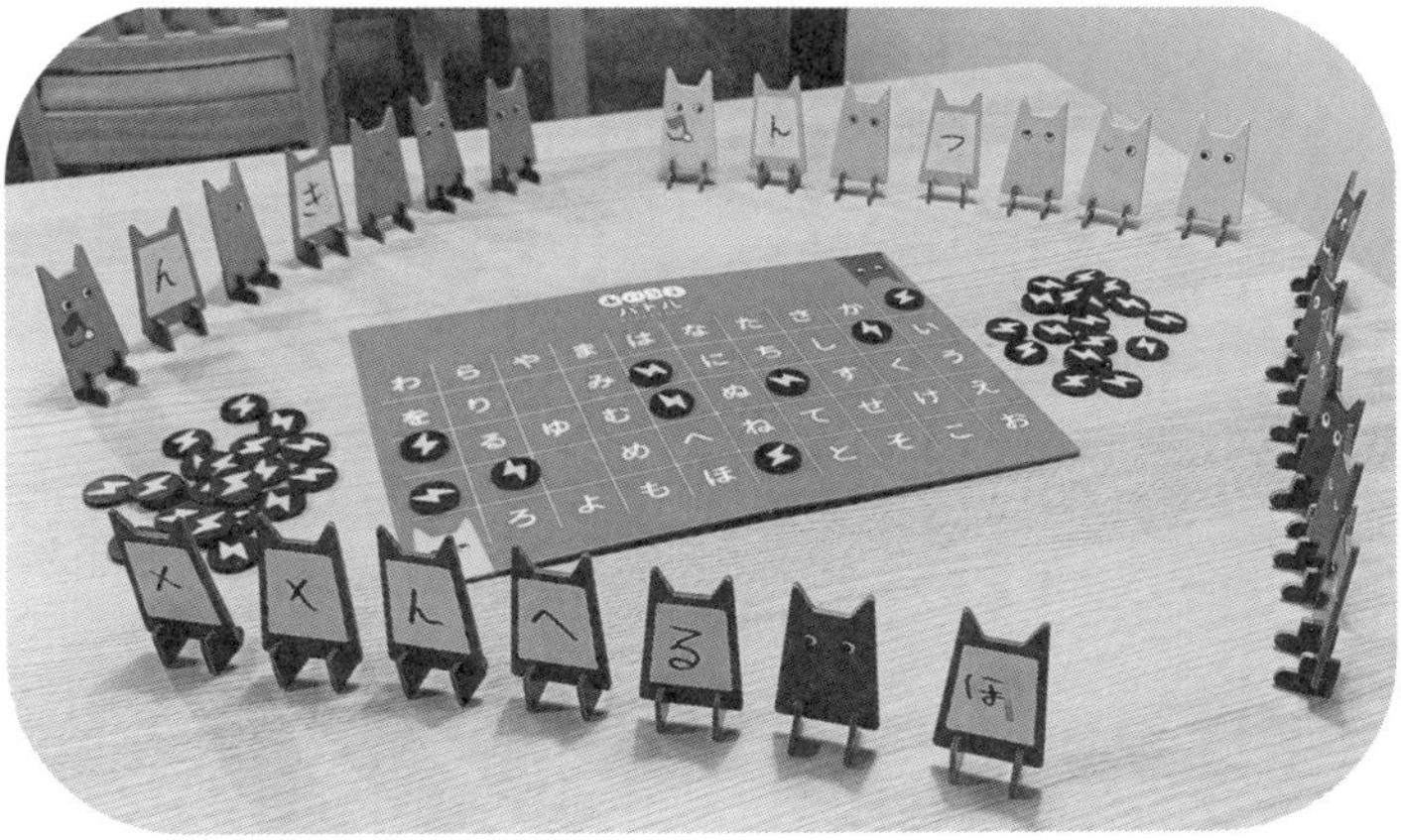

ならべてみる

ちょっかんくん裏表

ちょっかんチップ46枚

ここまで推理すれば、もうルールはほとんど解明できています。

『あいうえバトル』はこんなゲーム

おたがいにバレないように背中に文字を書く。（ちょっかんくんがそれぞれ7体だから）7文字以内の言葉を書く。なんのヒントもないとむずかしいから、お題を出すのがいいでしょう。たとえば「学校にあるもの」というお題だと、それぞれ「おんがくしつ」とか「こくばん」とか「どっじぼーる」とこっそり書きます。

順番に、チップを文字の上に置いていく。「お」に置いたら、「お」の文字を使っていた人が、ちょっかんくんを振《ふ》り向《む》かせて、みんなに「お」の文字を見せます。

これを続けていって、全部のちょっかんくんが振り向いてしまったら負けです。

実際には、もうすこしルールがあります。

一度当てたら、もう一回チップを置くことができる。

濁点《だくてん》や半濁点は書かない。たとえば「がぎぐげご」は「かきくけこ」と書く（だから「こくばん」は「こくはん」）。小書きの文字（っ、ゃ、ゅ、ょ）は大文字で書く（だから

「どっじぼーる」は「とつしほーる」）。

　これらのルールで、ゲームがさらにおもしろくなるのです（どんなふうにおもしろくなるかは、ぜひ遊んで体験してみてください）。

楽しさは文字で説明しにくい

『あいうえバトル』のルールから、プレイしている感じが想像できたでしょうか？　残念ながら、むずかしいと思います。そうなんです。実際に遊んでみれば楽しさが伝わるのですが、ルールだけでは楽しさはなかなか伝わらないのです。

　だから、箱に書いてあるキャッチコピーやキャラクターのイラストが大切になります。

「楽しい」と思ってもらう前に「楽しそう」と思ってもらう必要があります。

　そうしないと、遊んでくれないからです。遊んでくれないと「楽しい」と思ってもらえないのです。まず「楽しそう」と思ってもらって、「遊ぶ」というアクションを起こしてもらい、そして「楽しい」と体感してもらう。

　そのためにも、世界観、キャラクター、タイトル、コンポーネントなど、ルールを形作るものたちを「遊びたい！」と思ってもらえるようにつくることが大切です。

ゲームづくりの3つの視点

「ゲームづくり」を考える3つの視点があります。

システム、モチーフ、スタイルです。

この3つの視点から分析《ぶんせき》することで、ゲームが生み出すおもしろさの秘密がわかってきます。

ひとつずつ解説していきましょう。

ゲーム分析の視点1　システム

まずシステム。

システムは、ルールであったり、ゲームの構造のことです。

システムをどのように組み上げるかが、ゲームづくりのキーとなります。ただシステム

システム
例えば動かし方
のルール
前にしか
すすめない
歩兵
上下左右に
飛車
モチーフ
空とんでそう
あるき
王をとると勝ち
王さま
スタイル
1対1で
みんなで

ゲームづくりの視点

づくりは、多くの人になじみがないうえに、抽象的《ちゅうしょうてき》な仕組みを考える作業なのでなかなかたいへんです。

だから、他の側面からも考えて、相互《そうご》によい影響《えいきょう》を与《あた》えながらゲームづくりを進めていく必要があります。

システム、ルールは、論理的です。むかしの時計が、歯車が嚙《か》み合《あ》ってうまく動いていたように、精巧《せいこう》で丹念《たんねん》で緻密《ちみつ》です。なにをやってよいのか、どの順番でやるのか、なにをやってはいけないのかを決めています。

たとえば将棋《しょうぎ》。将棋のコマはそれぞれどう動かせるかが厳密に決まっています。金は、前後横、斜《なな》め前に1マスだけ進めます。飛車は、上下左右に何マスでも進めますが、斜めには1マスも進めません。遊んでる最中に、「1回だけ飛車、斜め前に進んでいい？」なんてことは通りません。

効率主義な人は、そんなへんてこなルールを守らずに「王を取るのが目的ならいきなり王を取ればいいんじゃないの？」というかもしれません。でも、そうしちゃうとおもしろくない。おもしろくするために、いろいろなルールがあり、やってはいけないことを決めて、がんじがらめにしているのです。

がんじがらめにするルールをプレイヤー全員が共有して遊ぶからゲームが成立するのです。

逆に言えば、ルールとゲームズマンシップ（ゲームをプレイするときの良き心構え）を守れば、ゲームの世界ではなにをやってもいいのです。**ルールは厳密ですが、プレイは自由です。**

自由で自発的で即興感覚《そっきょうかんかく》のあるプレイを生み出すために厳密なルールが共有されるのです。

ゲーム分析の視点２　モチーフ

ふたつめはモチーフです。世界観、世界像と呼ばれたりもします。ゲームがどのような主題で遊ばれるのか、その世界の設定や外観のことです。

たとえば『パンデミック：新たなる試練』（マット・リーコック）。世界中に拡大しようとする感染症《かんせんしょう》の根絶を目的とし、ワクチンを開発するゲームです。

たとえば『ダンジョンズ＆ドラゴンズ』（ゲイリー・ガイギャックスとデイヴ・アーン

ソン）。剣《けん》と魔《ま》法《ほう》の世界で、冒険《ぼうけん》するゲームです。

『はぁって言うゲーム』は、演技のゲームです。

やってみなければなかなか伝わらないシステムと違《ちが》って、モチーフは伝えやすいです。箱のイラストや、コンポーネントを見て、ぱっと伝わる部分です。

たとえば、『ダンジョンズ＆ドラゴンズ』のパッケージイラストを見れば、すぐに「おお、中世ファンタジーの世界で、剣と魔法でドラゴンと戦ったりするゲームなんだな」と伝わるでしょう。

だから、遊んでもらってシステムを体感してもらうためにも、魅力的《みりょくてき》なモチーフは重要

『パンデミック』

『ダンジョンズ＆ドラゴンズ』

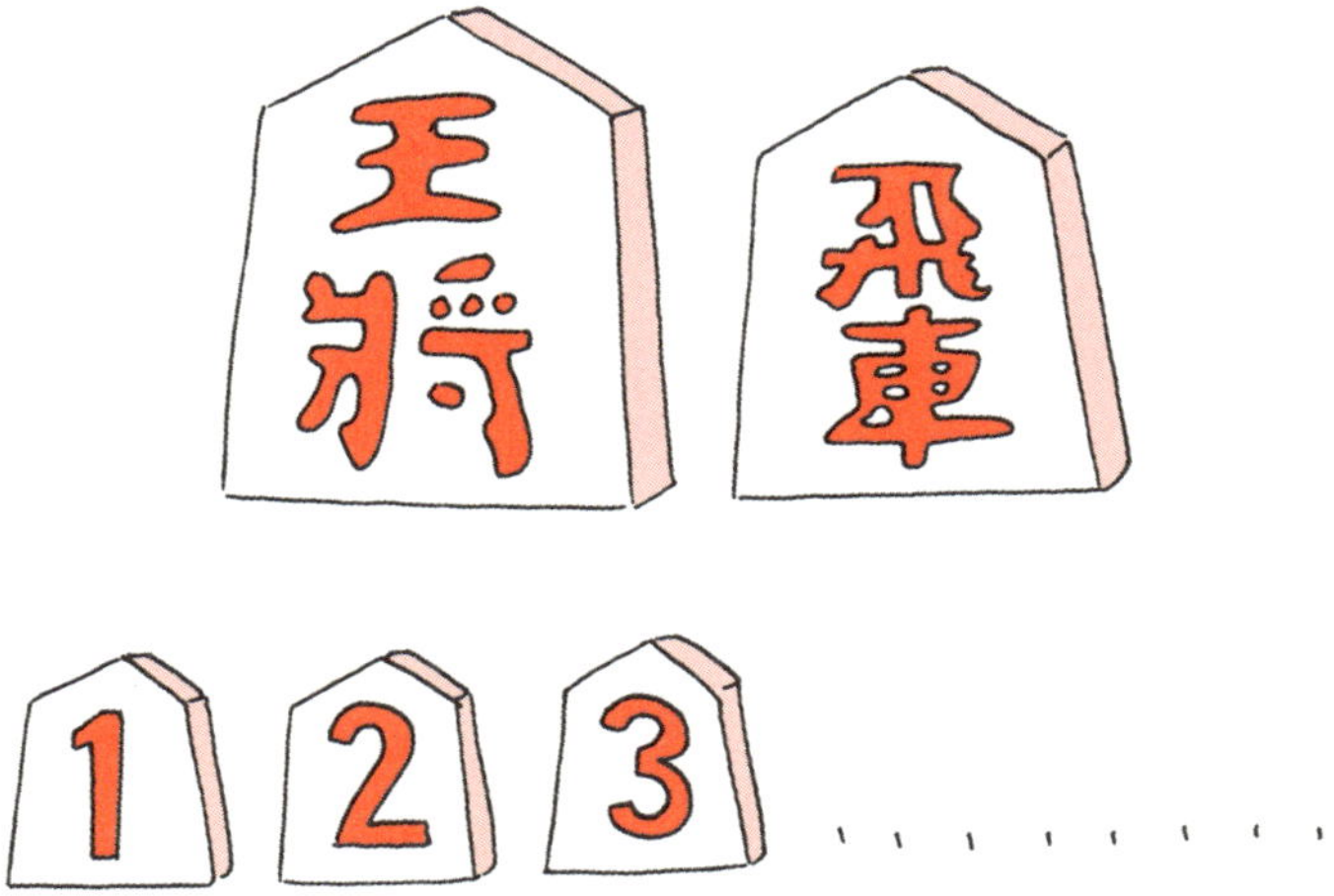

将棋のコマが1、2、3だったら……

なポイントになります。

またモチーフは、システムの理解を助けます。

将棋を観察してみましょう。

将棋は戦場をモチーフとしています。王、飛車、角、桂馬《けいま》、歩《ふ》といったコマがあり、相手のコマを取っていきます。

「王が取られると、いくら他のコマが残っていても負けです」。これは、戦場で王様の首が取られると負けであることを連想することでわかりやすくなります。ルールと世界観が一致《いっち》していると、わかりやすくなります。

歩も、歩兵を連想すれば一歩ずつ前に進むコマであることがイメージしやすい。飛ぶ車と書いて飛車ですから、びゅんびゅんたくさん動けるイメージです。

コマがもし1、2、3といった数字だとどうでしょうか。1は、1つずつ前に進む。2は縦横にまっすぐ何マスでも進める。3は取られると即《そく》負けになる。これは、とてもむずかしい。馴染《なじ》みにくく、覚えにくい。

このように、**システムの理解を助け、想像によって楽しさを増幅《ぞうふく》させる**ことが、モチーフの重要な役割です。

ゲーム分析の視点3　スタイル

みっつめはスタイルです。どんな時に、どんなふうに遊ぶのか。**プレイ人数や、プレイ時間、プレイする場所などのこと**だと考えていいでしょう。

たとえば将棋であれば、ふたりで、真剣に遊びます。数分では終わらないでしょう。プロの対局は何時間もかかります。

『はぁって言うゲーム』は、おおぜいでワイワイ遊びます。パーティーゲームですから、パーティーをしているように、大騒《おおさわ》ぎで楽しむゲームです。

特別なスタイルで遊ぶゲームもたくさんあります。たとえば『狩歌《かるうた》』（サグイネル）。

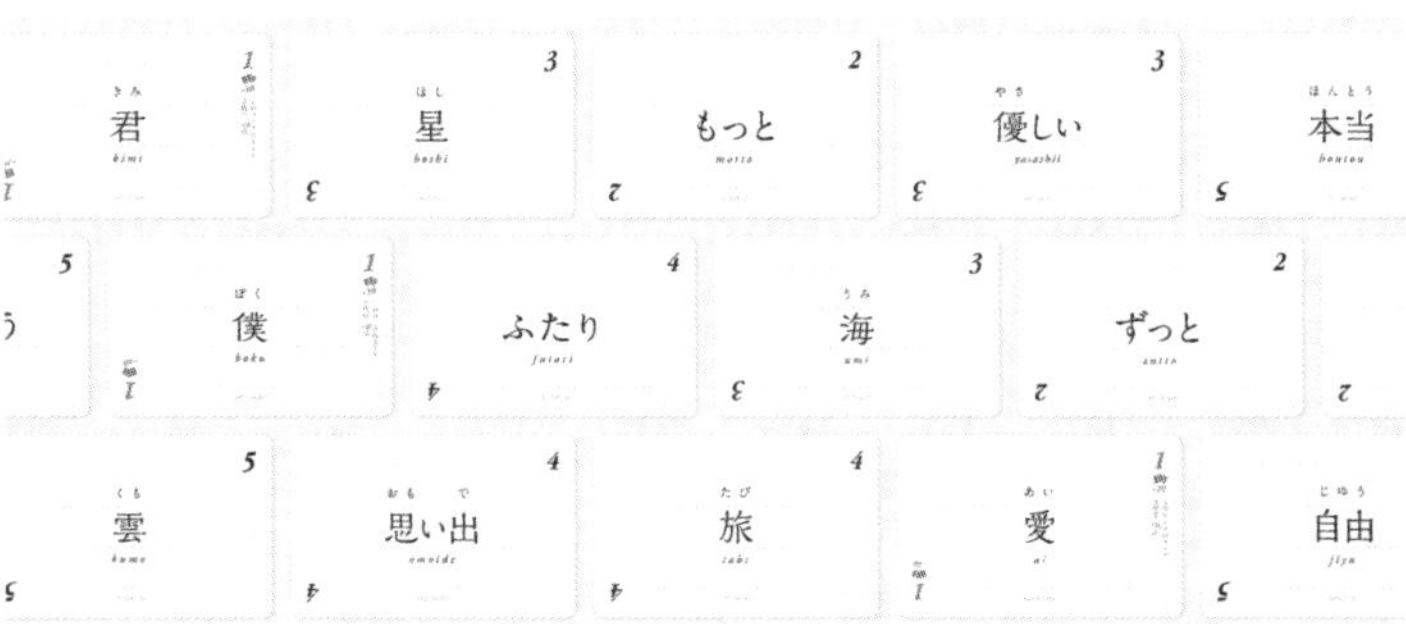

『狩歌』のカード

「愛」「自由」「星」といった歌詞に出てくるワードが書いてあるカードで遊ぶゲームです。カードをテーブルにひろげます。カラオケで歌ったり、曲を流したりします。カードに書かれた文字が、歌詞に出てきたらすばやく取るカルタです。カラオケや音楽の流れる場所で遊ぶユニークなスタイルの傑作《けっさく》ゲームなのです。

じゃんけんを分析してみる

システム、モチーフ、スタイル、この3つの視点でゲームを分析してみることで、ゲームを深く観察することができるようになります。

では、ちょっとやってみましょう。「じゃんけん」を分析してみます。

じゃんけんの特徴《とくちょう》はなんといってもスタイルにあります。

グー・チョキ・パー

いつでも、どこでも、何人でもできる（大人数になるとあいこが続いちゃうけどね）。道具もいらないし、シンプルでみんな知ってるので、すぐにプレイできます。

最強、万能《ばんのう》のスタイルといっていいでしょう。

いっぽうでモチーフは薄《うす》い。「グーが石で、パーが紙、チョキがハサミ」といった見立てはありますが、さほど世界観はありません。

とはいえ、これは弱点ではなく強みです。もし「じゃんけん」に深い世界観や設定があって、それを知らなければ遊べないとなると、ここまでのポピュラリティは得ていなかったでしょう。じゃんけんを始める前にあれこれストーリー説明や世界設定を聞くのはめんどうですからね。

システムもシンプルです。「じゃんけんぽん」の合図でグー・チョキ・パーの3つのうちの1つの手の形を出して勝敗を決める。

さっと始められる「最強スタイル」と「薄い世界観」と「シンプルなシステム」はマッ

チしています。そうです、システムとモチーフとスタイルがマッチしていると遊びやすいです。


—おもしろいゲームの基本原理—

システムとモチーフとスタイルがマッチしている。

三目並べを分析してみる

もうひとつ「三目並べ」を分析してみましょう。

三目並べは、「まるばつ」「tic tac toe」と呼ばれたりします。

あっという間に終わって、簡単に遊べる、2人対戦のゲームです（スタイル）。

システムも簡単。ひとりが○を担当、ひとりが×を担当します。3×3の空いたマスに、交互に○×を描《か》いていき、3つ1列に並べると勝ちです。

モチーフは、見当たりません。抽象的なゲームです。

この「三目並べ」、ゲームとして致命的《ちめいてき》な欠点があります。上達すると必ず「あいこ」

になってしまうのです。勝敗が決まらない。

勝利を目指して遊ぶゲームは、やはり勝ち負けがはっきり決まったほうが楽しい。いつもいつもあいこだと飽《あ》きてしまいます。


―おもしろいゲームの基本原理― 勝ち負けがはっきり決まる。

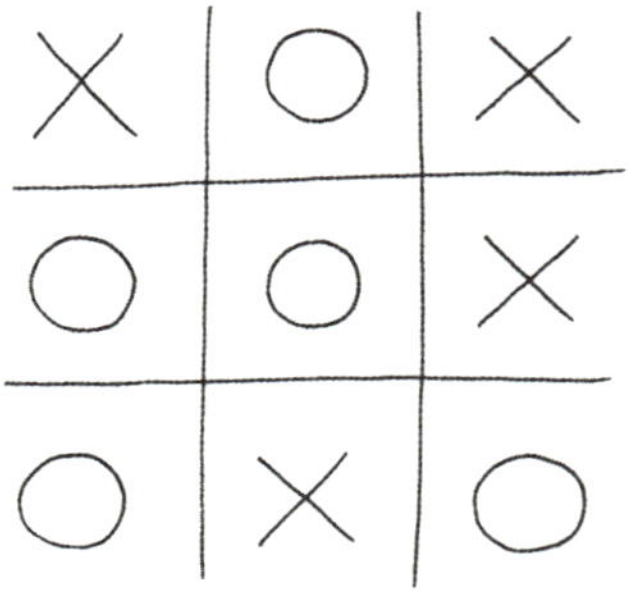

三目並べ

「じゃんけん」や「三目並べ」の物足りないところは、逆転が起こらないことです。

「じゃんけん」はあいこにならなければ一瞬《いっしゅん》で勝負が決まります。「三目並べ」もあっという間に終わるうえに、上達すると最善の手がわかってしまいあいこになってしまいます。

ゲームの醍醐《だいご》味《み》のひとつは、逆転です。

「リバーシ」は、逆転要素の強い名作ゲームです。「オセロ」という名前でもよく知られています。

はさまれたコマを裏返して自分の色にする。後半になるとたくさん置かれた相手のコマを一気にパタパタと裏返すことができます。圧倒的《あっとうてき》に白が多かったのに、最後の数手でパタパタと裏返されてあっという間に盤面が黒だらけになったりする。
逆転したとき、逆転されたとき、ひとは「あっ！」と驚《おどろ》き、ゲームは盛り上がります。

おもしろいゲームの基本原理――逆転がある。

ゲームを分析して、おもしろさの基本原理を知って、それを生み出すルールをつくっていけば、おもしろいゲームをつくることができます。

column

ゲームズマンシップってなに？

ゲームズマンシップという言葉は、いろいろな意味で使われます。ちょっとイヤな意味で使われることもあります。たとえば「反則でなければ勝つためになんでもやる」というふうに。でも、これはゲームを知らないものの発想です。そのようなスピリッツでゲームを遊べば、ゲームはあっというまにおもしろさを失《うしな》います。

たとえば、格闘《かくとう》ゲームにハメ技《わざ》と呼ばれるムーブがあります。特定の行動を続けることによって相手がなすすべなく負けてしまうような技のことです。これをやり続けると、ゲームはおもしろくなくなるので、紳士協定《しんしきょうてい》によって「あのハメ技はなしね」ということになります。新しいルールを共有するのです。ゲームのおもしろさを知る者にとってゲームズマンシップとは、「プレイするときの良き心構え」という意味です。

複数人でゲームを遊ぶときのゲームズマンシップを3つ挙げましょう。

―1― **あいさつをする**

はじめるときに「よろしくお願いします」と言い、終わるときに「ありがとうございました」と言います（ゲームによっては言う言葉が変わる場合もあります）。ゲームをプレイする相手は、ともだちとは限らないので、あいさつはとても重要です。あいさつを交《か》わすことは、ゲームズマンシップをお互《たが》いに発揮しようという宣言にもなります。

―2― **インチキをしない**

ゲームは、お互いがルールを共有し、それに従うことで、自由にプレイすることが可能になります。だからインチキは禁止です。インチキをすれば、ゲームはたちまちおもしろくなくなって、成立しなくなるからです。

―3― **勝ちを目指す**

基本的に、ゲームは勝ちを目指すことでおもしろくなるように設計されています。だから、全員が勝ちを目指してプレイすることが大切です。だれかが勝ちを目指さず、適当にプレイすると、ゲームの場はおもしろさを失い、他のプレイヤーもおもしろくなくなってしまいます。つねに勝ちを目指してプレイするのが礼儀《れいぎ》なのです。

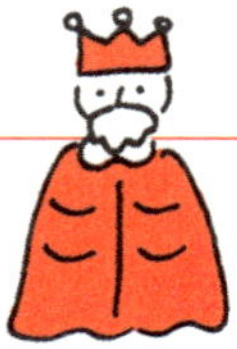

第3章

ゲームづくりの5つのステップ

では、ゲームづくりをはじめましょう。

最初にゲームづくりの道のりを眺《なが》めます。

5ステップあります。この5つのステップを経て、ゲームが完成します。

―ステップ1― コンセプト（やりたい方向性）を決めよう

―ステップ2― プロトタイプをつくってみる

―ステップ3― プレイテストする

―ステップ4― ブラッシュアップする

―ステップ5― 完成する

以下、それぞれのステップを解説していきます。

①コンセプトを決める
迷路
たから探し
②プロトタイプをつくってみる
③プレイテストする
アイテムつくる
かんたん
時間
④ブラッシュアップする
ワープ
てき(バトル)
アイテム
ひろく
⑤完成する

ゲームづくりの道のり

1　コンセプトを決める

立ち上がって歩き出すとき、人はどこを目指して進むか決めています。いや、ぶらっと散歩するっていう場合は目的地を決めてないかもしれません。それでも、このあたりを30分ぶらっと歩こうとか、だいたい決めているでしょう。

どこを目指すか。なにを目指すのか。それがコンセプトです。

ゲームづくりで言えば、どんなゲームをつくるのか、どんなおもしろさや、どんな楽しさをつくりだすのか、目指す方向を決めることです。

めちゃくちゃかっこいいゲームなのか。くだらなすぎるバカなゲームなのか。手軽にできる楽しいゲームなのか。最初はぼんやりとした方向性かもしれません。

それでも、だいじょうぶ。最初からビシッと決めてなくてもいい。あれこれ考えたり、次のステップに進んでつくっていく間に、だんだん狙《ねら》いを絞《しぼ》っていけばいいのです。

どこを目指すのかを決めたら、そちらの方向を目指して進んでいくのです。

たとえば『ぷよぷよ』は「『テトリス』とはひと味ちがう落ちモノパズルゲームをつく

ろう！」ぐらいしか決まってませんでした。そこからあれこれうーんうーんと悩《なや》みながら進めていったのです。

とはいっても、「どうやってコンセプトを決めればいいのかわからない！」「ゲームのアイデアってどうやって出せばいいの？」という人もいるでしょう。安心してください。第4章で、具体的に解説します。ここでは、ひとまずゲームづくりのステップをささっと紹《しょう》介《かい》するので、全体像を頭に入れておいてください。

2　プロトタイプをつくってみる

プロトタイプというのは、「試作モデル」のことです。簡単に言えば、「まず、ざっくりつくってみよう！」ということです。

ボードゲームのプロトタイプをつくるのは簡単です。たとえばカードのゲームをつくるのなら、白紙のカード（名刺《めいし》を印刷するための白紙のカードを使ってもいいし、画用紙を切ってもいい）にペンでカードの内容を書《か》き込《こ》めばいいだけです。

ぼくがつくったプロトタイプを紹介しましょう。

プロトタイプは簡単に

こんなもんです。

この段階では「おもしろくないゲーム」をつくります。「え、おもしろいゲームをつくりたいのに！」そのとおりです。でも、理由があって、この段階では「おもしろいゲーム」をつくらないのです。この後で、実践的《じっせんてき》に詳《くわ》しく解説します。

3　プレイテストする

次のステップが「プレイテスト」です。プロトタイプを試《ため》しに遊んでみることを「プレイテスト」と呼びます。プレイテストしてみると、どこがおもしろくないのか、どこをおもしろくすればいいのかが、はっきりします。

「こりゃダメだ！」ってなっても、落ち込む必要はありません。「チャンスだ！」って思ってください。

ダメなところがわかれば、そのダメなところを直せばいいのです。おもしろくするポイントがわかったのです。

4　ブラッシュアップする

プレイテストしてみて、どこを直せばいいのかがわかったら、ブラッシュアップのステップです。

プレイ時間が２時間ぐらいかかりそう、さすがに長過ぎるなー。ってなったら、どうすれば短くできるか、なにを削《けず》ればいいのかを考えます。

逆にあっという間に終わってしまって、逆転も何もなくて単調だなー。ってなったら、どうすれば逆転の要素を加えられるか考えます。

そして、プロトタイプをつくり直します。ステップ２の「プロトタイプをつくる」にもどるのです。新たなプロトタイプをつくったら、**またプレイテストして、ブラッシュアップして、また新たなプロトタイプをつくって、というループを繰《く》り返《かえ》す**のです。

5　完成する

プロトタイプ→プレイテスト→ブラッシュアップのループを繰り返していくと、「おもしろいゲーム」ができてきます。

プレイテストで、みんなが楽しんでくれて、**「これ、もっと遊びたい」「これ、ほしいー」ってなったら、完成直前です。**

ここまできたら、しっかりつくり込んで、完成させる。ボードゲームを印刷してくれる印刷所に頼《たの》んで、たくさんつくってもよし、手作りでつくって友達と遊ぶのもよし。

以上が、ゲームづくりのステップであり、全体像です。

次は、いよいよ実践編です。ゲームのアイデアをどうやって出すのか、コンセプトをどうやって決めるのか、具体的な方法を紹介しましょう。実践してみてください。

第4章

「好き」からゲームをつくってみよう

好きなことをコンセプトにする

さて、ではゲームコンセプトを決めていきましょう。

第3章で解説したように、コンセプトは、目指す方向です。辞書を引くと「全体をつらぬく新しい観点」（『明鏡国語辞典第2版』）とでてきます。

コンセプトがないと、つぎはぎでバラバラの作品になってしまいます。ですが、最初からコンセプトを決めうちするのはむずかしい。試行錯誤《しこうさくご》しながらコンセプトは固まっていきます。でも、ひとまず大雑把《おおざっぱ》にどちらの方向に進むかを決めないと歩きだせません。

だから、まず**自分の好きなことをベースにコンセプトを決めるのがベスト**です。

ほめられようと考えたり、いま流行《はや》ってるから、なんて理由で決めてはダメです。状《じょう》況《きょう》によって、ふらふらと目指す方向が変わってしまったり、あっちのヒット作のよいところ、こっちの流行った作品のよいところをつなぎあわせてフランケンシュタインの怪物《かいぶつ》みたいなものになってしまいます。

自分がいちばん楽しいと思えるものが、全体を貫《つらぬ》く観点にしやすいのです。

コンセプトは「全体を貫く観点」であり「新しい観点」でもあります。新しいゲームをつくるためにも、「流行っているから」「ヒットしているジャンルだから」はやめたほうが無難です。

では、ゲームのコンセプトになるようなことで、自分の好きなことってなんだろう？

ぱっと思《おも》い浮《う》かばないかもしれません。

そこで、「自分マトリクスゲーム」をやって、自分の好きなことを分析《ぶんせき》してみましょう。

自分マトリクスゲームをやってみよう

「自分マトリクスゲーム」はひとりで遊ぶゲームです。

ペンとストップウォッチ（もしくは時計）が必要です。

制限時間は5分。

制限時間内に、自分マトリクスシート（53ページの図を参照）の空欄《くうらん》を埋《う》めることができればクリアです。埋められなければ残念、クリアならずです（制限時間を決めて、その時間内にできるかどうかチャレンジしてみるというのは、いちばんオーソドックスなゲーム化といっていいでしょう）。

まずテーマの欄に自分の名前を書いてください。

人体図まわりに44個の空欄があります。そこに自分の興味があるモノや関心があるコトを書き込《こ》みます。

ゲームとか、サッカーとか、ギターとか。名詞だけでなく動詞でもいいです。なんでもいいのです。走ることが好きなら「走る」とか。

コツは、思いついたらなんでも書き込むこと。書くことが思いつかなくなったら、人体図から連想してみてください。頭の近くに、頭に関連するものを書いてみる。野球帽《やきゅうぼう》をかぶってるなら「野球帽」。謎解《なぞと》きで頭を悩《なや》ませるのが好きなら「謎解き」。手のあたりに「ギター」、お腹《なか》のあたりに「プリン」。連想するためのきっかけにしてください。

もうひとつコツ。**なにか思いついたら、もっと具体的にできないか考えてみましょう**。「映画！」って思いついて書き込んだあとに、映画を具体的にしてみます。『となりのトトロ』が好き、「ＳＦ映画」が好き、と思いついたら、どんどん書き込みましょう。

これはどうかなーってのんびり考えている時間はありません。たった５分で、44個の空欄に書き込むので、１個あたり６秒しか時間がありません。

時間制限を設けているのは、自己検閲《じこけんえつ》を避《さ》けるためです。これ書こうかな、こんなこと書いちゃうとかっこわるいな、なんて考えるヒマもなくどんどん書いていく。

見栄《みえ》と自己検閲が、アイデアを出すときに一番邪魔《じゃま》なものです。そんなものは吹《ふ》き飛《と》ばす。**かっこわるいものでも、ダメなものでも、書いていくのです**。すべてのものをアイデアの種にする覚悟《かくご》でやります。

ていねいな字で書くヒマもないですよ。長い名称《めいしょう》だったら略称でもＯＫです。猛《もう》スピー

テーマ

ドです。


準備、ＯＫですか？

では、５分間。

やりましょう。よういスターート！


さて、全部埋められたでしょうか？

できなかったという人は、第２ラウンドをやってみましょう。できた人は、次の「自分の好きなものを眺《なが》める」へ進んでください。

もうちょっと考えて、残りの空欄を埋めていきます。

なんでも思いついたものを書いていくのがコツです。

「おにぎり」を書いたあとに、「のり」「うめぼし」って書いてもＯＫです。同じものすぎるーとか考えなくてだいじょうぶ。

これを書くのはかっこわるいなーとか、これはダメかなーとか、そんなことで手を止めてるヒマはないのです。かっこわるいものでも、ダメなものでも、書き出すのです。吐《は》き

スパゲティ	視点	ロールプレイ	俳句	記入
パン	語り	トランプ	アイテム	ドリル
たこ焼き	テーマ 米光 一成			本
時計	走れメロス		ゲーム	書く
メモ	カード		儀式	記憶
シンボル	アファンタジア		コーヒー豆	教室
気圧	フロイト		耳	メニエール
ドミニオン	小林一茶		デザイン	事ム所
カルカソンヌ	ルール		新聞	おみせ
スプレンダー	メカニウス		タロット	トリックテイキング
しゅうまい	ストーリー		乱歩	コロンボ

米光一成のマトリクスシート

出《だ》すのです。

とにかく空欄を埋めることが先決です。

さあ、第2ラウンド、よういスターーート！

空欄を全部、埋められたでしょうか。

まだ！　っていう人もOKです。次のステップに進みましょう。

好きなものを眺める

空欄を埋めた「自分マトリクス」を眺めましょう。

たとえばぼくが書いた「自分マトリクス」はこんな感じになりました。

書き出して、あらためて眺めることで客観的に自分を見つめ直すことができます。

自分のことは自分がいちばん知っている、と思いきや、そんなことはありません。

あなた以外の人は、あなたのほっぺに米粒《こめつぶ》がついていることに気づいても、あなたは気づかないこともあるでしょう。

自分で自分のことがわからない、そんなことも案外、たくさんあるのです。

そこで、あなたの好きなものを単語にして、こうやって一望できるように書き出してみました。書き出すとたくさんのことが客観的にいっぺんに眺められます。

眺めてるときに、なにか思いついたら、さらに書き足してもOKです。

「そんなに好きじゃないと思ってたけど、案外、いろいろ関連したワードを書いているなー」「あ、あれ大好きなのに書き忘れてる！」「これ、書いちゃったけど別に好きじゃないんだよな」などなど、あれこれ自分を振《ふ》り返《かえ》ってみてください。

「自分マトリクス」にアイデアの種がたくさん埋まっています。次のセッションで、シートに埋まっているアイデアの種を見つけていきますが、アイデアの種はたくさんあればあるほどいい。

だから、「自分マトリクスゲーム」を（1回、5分ちょっと！）毎日やってみてください。

毎日やるときは、前回の「自分マトリクス」は見ずに、まっさらのシートでやるとよいです。空欄や人体図もない白紙にとにかくたくさんキーワードを書き出すだけでもＯＫです。

そうすると自分でも驚《おどろ》くぐらい、それまでと違《ちが》うキーワードを書き込むことになるでしょう。大好きだと思っていたあのキーワードを今回は書き忘れた！　なんてこともあるはずです。そういった自分の気持ちの変化や、書き方の変わり様がわかっておもしろい。

机の引き出しに、日々の「自分マトリクス」をためて、ときどき見返してみてください。

「ゲームにならない」モチーフを選ぶ

さて、自分マトリクスからどうやってコンセプトができるのか？　コツを伝授しましょう。

まず、28～35ページで紹介《しょうかい》した「ゲームを分析する３つの視点」を使います。モチーフ、システム、スタイルの３つ。キーワードを３つの視点から見直してみるのです。

特に最初にオススメなのは、モチーフ探しです。キーワードの中から、ゲームのモチーフになる新鮮《しんせん》なものを探して、それをコンセプトにする方法です。

ひとまず「ゲームにしたらおもしろいかな?」と考えて、「自分マトリクス」に書き込んだいろいろなキーワードからモチーフになりそうなものをピックアップします。

モチーフは、ぱっと伝わりやすい。だからこそ、モチーフはユニークなもの、独自性の高いものを選んだほうが楽しくつくれます。もうすでにたくさんゲームが出ているモチーフはさけましょう。

たとえば、剣《けん》と魔法《まほう》の中世ファンタジーの世界観のゲームをつくろうとすると、そういうゲームはたくさんある。つまりライバルがたくさんいます。たくさんいるライバルの中で目立つのは大変だし、資本力や経験やスキルの勝負になってしまう。

もっと攻《せ》めていきたい人は、「これはさすがにゲームにならないや」というキーワードに注目しましょう。掘《ほ》り出《だ》し物《もの》です。宝です。

「つけもの」とか「地球の全歴史」とか「フロイト」とか「合唱」とか、どうやってゲームにするの? っていうものでOKです。

一見「これはゲームにならない」というキーワードにチャレンジして、革新的なゲームになる可能性をグンとあげましょう。「これはゲームにならない」と思えるキーワードほど「ゲームにしてみよう」と考《かんが》え抜《ぬ》くことが大切です。

モチーフから勝利条件をイメージする

では、ユニークなモチーフをピックアップしたあと、どういうふうに考えれば「ゲームにできる」のでしょうか。

まず、**最初に考えることは、勝利条件です**。ゲームの目的を考えてみるのです。ピックアップしたモチーフで、勝ち負けが決まるポイントを探します。

勝ち負けは、なんだっていいんです。ちいさいころ横断歩道の白い部分だけを歩けたら勝利、というのをみんなやったことがあると思います。そういったことでいいのです。

そう。ちょっと楽しいトレーニングをやってみましょう。

なんでもかんでも勝利条件を見つけてみるトレーニングです。

「横断歩道の白い部分だけを歩いたら勝利」みたいなものを日々の生活の中でたくさん見つけるのです。実際にやらなくてもいいですよ。頭の中でプレイするだけでOK。

たとえば、シャワーを浴びているとき。体が泥《どろ》だらけになっていて、すべての泥を流し落としたら勝利。流し落とすまでに使う水の量が少なければ高得点だ。なんていうふうにイメージしてみるのです。

空を見上げて雨が降りそうだったら。雨が降るとゲームオーバー、降らずに持ちこたえたら生き残り。いや、雨を先に降らせたら勝ちでもいいな。先に降らせるためには雨雲《あまぐも》をどんどん集めて、空全体を雨雲で覆《おお》ったら降り出すのかな。そうやって考えていくと、「雨雲タイルを集めて、5×5で敷《し》き詰《つ》めると勝ち」なんてゲームが誕生しそうです。

モチーフに「くつした」を選んだとしたら、「くつした2足ペアでそろえたら勝ち」なんてのもいいですね。

モチーフからアクションをイメージする

モチーフと勝利条件が決まりました。**次に考えるのは「アクション」です**（勝利条件とアクションはどちらを先に考えてもOKです。どちらかを決めるとどちらかがおのずと決まることも多いです）。

多くのゲームは、いくつかのアクションを繰《く》り返《かえ》して、勝利を目指します。だから、ゲームプレイ中に同じアクションを何度も繰り返すことになります。このアクションが退屈《たいくつ》だったら退屈なゲームになるし、刺激的《しげきてき》だったら刺激的なゲームになります。

プレイヤーがどのようなアクションを行うかは、ゲームの最重要ポイントといってもいい。

たとえば、さきほどの「くつしたをそろえると勝ち」のゲームには『ソックスモンスター』『オッドソックス』『ぼくのくつしたどこいった』などなどたくさんの名作があります。とはいえ、だからといってダメではありません。モチーフが同じでも、勝利条件が同じでも、プレイヤーのアクションが違えば、別のゲームになります。

たとえば、『ソックスモンスター』は、山積みになったくつしたタイルから、同じ柄《がら》の2枚を急いで探すスピード勝負のゲームです。焦《あせ》りながら急いでペアのくつしたを集めて、4組集めたら、まんなかのモンスターコマを取って勝利宣言です。

『オッドソックス』は、数字カードを出して赤のくつしたと青のくつしたを取るゲームです。自分が持っているカードを1枚選んで出して、一番大きいカードを出した人は青のくつしたを、一番小さいカードを出した人は赤のくつしたを取り、赤青の色違いペアのくつしたになれば得点に、ペアにならずバラバラだと失点です。だから、うまいバランスになるようにカードを出していくゲームです。

『ぼくのくつしたどこいった』は、トランプのババ抜きと神経衰弱《しんけいすいじゃく》が合体したようなゲームです。場に、カードを伏《ふ》せて並べます。場のくつしたカード1枚を開いて手にもったカードとペアをつくったり、他の人の手にもったカードを引いてペアをつくったりしながら、たくさんペアをつくった人の勝ちです。

というふうに、くつしたという同じモチーフで、ペアをつくると勝ちという同じ勝利条件でも、こんなに違う遊び心地《ごこち》のゲームができるのです。

ここまでの流れをまとめてみましょう。

まずモチーフを選ぶ。ゲームのモチーフをピックアップします。

そして、勝利条件を考えてみる。どうなったら勝ちなのか。ゲームのゴールは何なのかをイメージしてみる。

そのときに、勝利を目指すために**プレイヤーがどんなアクションをするのか、イメージを膨《ふく》らませてみる**。

モチーフ、勝利条件、アクションが決まったら、なんとなくゲームがどんなものかイメージできるようになったはずです。では、コンセプトに立ち返ってみましょう。自分が目指している方向に進んでいるか？　それを確認《かくにん》して、次のステップに進みましょう。

相撲《すもう》マトリクスを書く

うまく決まらない！　という人のために、ゲームの概要《がいよう》とコンセプトを決めるための一つの方法を紹介しましょう。

テーママトリクスです。「自分マトリクス」を書いたように、今度は**テーマを軸《じく》に書き出してみる**のです。

たとえば、モチーフとして相撲をピックアップしたとしましょう。そうすると、相撲をテーマにマトリクスを書くのです。「相撲マトリクス」です。

テーマに「相撲」と書き込みます。そして、また5分間。相撲に関連するキーワードをどんどん書き出していきます。足のところに「土俵」「出たら負け」。口のところに「のこった　のこった！」。手のところに「張り手」「つかむ」「行司」などなど。あまりたくさん書き込めなかったら、相撲に関する知識不足です。ちょっと調べてみましょう。

ゲームをつくるためには、モチーフに関する知識は必要です。相撲の試合を見てみたり、相撲マンガを読んでみたり、インターネットで調べてみたりするのもいいですね。

そうやって、相撲のキーワードをためていって、「相撲マトリクス」に書き込みます。

コンセプトはつまみあげる感覚で

たくさんのキーワードが出てきますが、コンセプトを決めるときは、大胆《だいたん》に削《けず》ることが必要です。いや、削るというよりも、**ひとつだけつまみあげる**といったほうがいいでしょう。たったひとつをつまみあげたら、そのひとつをよりいっそう際立《きわだ》たせ、支えるために、どう構成すればいいか考えるのです。

たとえば、行司が「のこったのこった!」って言って、盛りあげる。この「のこった」が使えないだろうか?「のこったのこった」と言いながら、カードを勢いよく捨てていくのは楽しそうです。これでアクションが決まります。

勢いよくカードを捨てていくのだから、カードがなくなると勝ちかな。いや「のこった

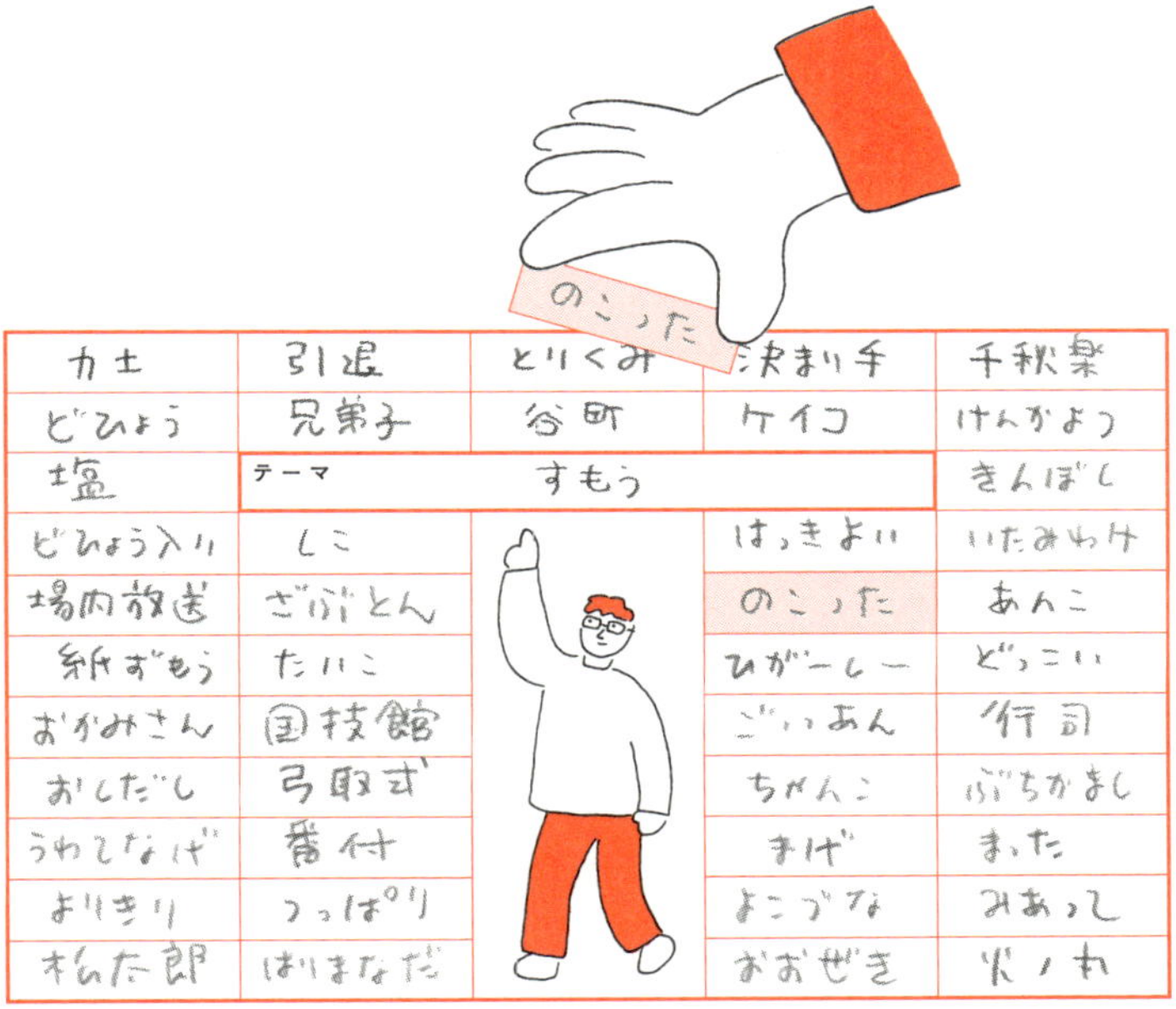

コンセプトはつまみあげる

のこった」って言っているのだから手元にカードが残った人が勝ちのほうがいいかな。捨てるカードがなくなった人から脱落《だつらく》（土俵から出てしまった）ということにしよう。

と、ここまでイマジネーションをふくらませれば、なんとなくゲームの全貌《ぜんぼう》が見えてきました。

この段階にきたら、コンセプトフレーズをつくってみます。

コンセプトを短い文章にまとめるのです。たとえば、〈「のこったのこった」と言いながら勢いよくカードを出していく相撲ゲーム〉。忘れちゃったり、いつのまにかズレちゃったりしないように、できてきた楽しさを短い文章にまとめることが大切です。

コンセプトはゆっくりと固まる

さあ、コンセプトとゲームイメージが固まってきたでしょうか。「うーん、ピンとこないなー」という人もいると思います。だいじょうぶです。

まだ完成していないのだから、ピンとこなくて当たり前です。

紹介した具体例は、すでに完成したゲームであり、完成した時点からさかのぼって説明しています。だから、最初からコンセプトがばっちりできて、ピントが合ったまま制作して完成したように思えるのですが、そんなことはありません。

たいていのゲームは、「うーん、これでどうだろう」というぐらいのぼんやりしたコンセプトで突《つ》き進《すす》み、ぼんやりしたなかを試行錯誤して、つくっていくなかで明瞭《めいりょう》になって、完成するときになって改めて「そうだこういうコンセプトだった」と気づくものです（少なくともぼくはそうです）。

だから、**この時点で「コンセプトがばっちり決定した」なんてことは望まないほうがいい**です。「なんとなくこっちの方向で考えてみるといけそうだな」というぐらいでだいじようぶ。

「なんとなくこっちの方向」という部分がぶれるとよくないので、流行を追ったりしないで、自分がぶれずに好きなものをモチーフにすることをオススメします。

ぼくも、『はぁって言うゲーム』がヒットして、コンセプトやアイデアの話を取材などで何度も問われました。誠実に答えているつもりですが、どうしても試行錯誤しているときの細々としたことは伝わりにくいです。語ることがそもそも難しいし、話してもあまりおもしろくないので原稿化《げんこうか》されるときにカットされてしまいます。そうして、あたかも最初からコンセプトが固まっていて一直線に制作が進行したように伝わってしまうことがよくあります。

未知への挑戦《ちょうせん》なのですから、いっぱつで「これだ！」ってならないのが当たり前です。試行錯誤しながら、ぶれながら、つくっていく。

これ、ほんとにおもしろくなるのかな？　と不安になりながら、あれこれ試《ため》してみる。ねばりづよく迷ってると、「あ、こうすればいいんだ！」っていう背筋に電撃《でんげき》が走るような喜びの発見がある。おもしろくなっていく。

おもしろくゲームづくりをする人は、そういうつくりかたをしています。

大切なのは「自分から出発すること」です。自分が興味を持っていたり、自分が好きだったりすることからはじめてください。そうすれば、ちょっとぐらいはぐらぐら揺《ゆ》らぐかもしれませんが、「自分が興味を持っている」「自分が好き」という大きな方向は揺らぎません。

大きな方向がぶれないということが大切です。

コンセプトが（ひとまず）決まったら、次にどうするか。「プロトタイプをつくろう」に進みましょう。

第5章

汚《きたな》くつくってやりなおせ

つまらないゲームをつくってみよう

ゲームのイメージがなんとなく決まったら、「つまらないゲーム」をつくってみましょう。

「えーー、なんでつまらないゲームをつくるの？　おもしろい、すごいゲームをつくるよ！」

もちろん、そうです。おもしろいゲームをつくるんです。でも、最初のプロトタイプは、たいてい「つまらないゲーム」になってしまいます。最初から「おもしろいゲーム」ができると思わないほうがいい。

とくに「すごいゲーム」をつくろうとすると、たいへんなことになります。美麗《びれい》なイラストの描《か》かれた130枚のカードゲームや、豪華《ごうか》なボードで遊ぶデラックスなゲーム。グラフィックを最初から凝《こ》りに凝って描いたり。そういったものをつくろうとすると、途中《とちゅう》で挫折《ざせつ》しがちです。

挫折できればいいほうで、完成したりもする。そして残念なことにおもしろくない。巨《きょ》大《だい》なゲームを、一発でおもしろくつくった人はいません。

苦労をしてつくったゲームがつまらなかった。でも、これをつくり直すのはものすごくたいへんだ。そうなると、つくったゲームはおもしろくないまま放置されてしまいます。

なので、最初は、**「つまらないゲーム」になっちゃうだろうなと覚悟《かくご》して、でも「いずれはおもしろくなる」と願いながらつくる**のです。

では「いずれはおもしろくなる」にはどうすればいいか。

「つまらないゲーム」を、おもしろくなるようにブラッシュアップしていくことが必要になります。ブラッシュアップする前提でつくります。だから最初は、あっというまにつくるのです。2時間でつくるのです。2時間でつくるつもりではじめても、もう少し時間がかかるかもしれません。でも、まあ、長くてもその日につくり上げちゃいましょう。

合言葉《あいことば》は「汚くつくってやりなおせ」です。

つくるのに1日しかかけてなければ、つくり直すのはその半分の時間でできます。何度もつくり直せる。どんどんおもしろくなる。最後にはおもしろいゲームができる。この流れでいきましょう。

小さくつくって大きく育てる

カードゲームなら32枚以内でつくってみましょう。16枚でもいい。なるべく少なく！小さくはじめてみましょう。テーブルゲームのよいところはいくらでも改善できるところです。だから、小さくつくって、もし大きくする必要があれば、あとから増やしていく。

カードのイラストも凝ったものを描いたりしません。落書きみたいなものでOK。数字やマークが必要なら、大きくはっきりわかるように。必要な情報だけを描きましょう。

あっという間につくりましょう。

カードをつくるときは、名刺《めいし》や会員証を印刷するシートが使えます。ぼくがよく使うのは、エーワンの「マルチカード　マイクロミシンカットタイプ」です。名刺やショップカ

マルチカードに直接描く

ードを印刷する用のシートです。

　パソコンが使えるならマルチカードで印刷する。使わない場合なら、このマルチカードにマジックで描《か》き込《こ》めばOKです。

最初は、ひとりぼっちのプレイテスト

　ゲームをおもしろくするためには、「プレイテスト」がとても重要です。

まずは、ひとりでやってみましょう。

「おもしろくない」以前に、ゲームとして成立しない場合もあります。箸《はし》にも棒にもかからないというやつです。プレイテストするからと人を集めて、一瞬《いっしゅん》で「箸にも棒

にもかからない」ことがわかったときは、とても気まずい。なので、ひとりでプレイテストして成立しているかどうかをチェックします。

たいていのゲームは複数人でプレイするので、ひとり何役かを演じ分けなければなりません。３人でプレイする場合は、ひとりで３役をやってみるのです。

実際のゲームでは、自分の手札しか見れないので、他の人が何のカードを持っているかはうかがい知れないのですが、ひとりで何役かやってしまうとわかってしまいます。そこは、知らない別人になったつもりでプレイしてみましょう。

ひとりプレイテストは、なかなか難しいのですが、いろいろなゲームで繰《く》り返《かえ》しやっているとだんだん上手になっていきます。なんとなくゲームとして成立していれば、次のステップです。

みんなでプレイテスト

ひとりプレイテストでゲームがなんとなく回ったら、他の人といっしょに遊んでみます。仲の良い友達や家族につきあってもらうのがよいでしょう。

もし、ゲームをつくっている友人がいれば最高です。お互《たが》いのゲームのプレイテストをやってみましょう。

3人で遊ぶゲームなら、自分以外に2人集めて、プレイしてもらいましょう。

ただ、このとき罠《わな》があります。

まだ「つまらないゲーム」だ、ということです。

たいていの人は、おもしろいゲームしか遊んだことがないのです。わざわざつまらないゲームは遊ばないし、つまらないゲームは広まらない。だから、ほとんどの人は、おもしろいゲームしか知らない。

あなたがつくった「まだつまらないゲーム」を遊ぶと、友達や家族は、ここがダメだ、あそこがダメだと言う可能性が高いです。やさしい人であれば、「がんばってね」と言ってくれるでしょうが、正直、相手に悪気がなくても、心が折れる言葉や表情が投げかけられることがあります。

そこで、まずプレイテストをお願いするときに、**しっかりと「試作品」であることを伝えましょう**。そのためにも、中途半端《ちゅうとはんぱ》にグラフィックをかっこよくしないことも大切です。かっこいいグラフィックだと、いくら言葉で試作品と言っても、他の完成したゲームと比べられたりします。乱暴に、ばばばっとつくる。ちゃんと、その乱暴さが伝わるような見た目にしてください。

プロトタイプは赤《あか》ん坊《ぼう》

プロトタイプは試作品です。**とくに最初のプロトタイプは赤ん坊だと思って愛してください**。ぼくは、学生がゲームのプロトタイプをつくって、みんなで見せ合うときにこう言っています。

「赤ん坊に『歩けないからダメ』『算数できないからダメ』って言わないだろ？　これがない、ここがダメとか言うのではなくて、みんなで育てていこうという気持ちで見ること。かわいいねー、楽しいねー、って良いところを伸《の》ばすように愛すること」

ぜひ、この気持ちで自分のプロトタイプに接してみてください。遊んでもらうときも、このことを伝えてください。

プレイテストをやってみると、ぜんぜん自分がイメージしたようなゲームにならないことが多々あります。いや、ぼくの経験から言うと、ほぼ１００％そうなります。

『はっきよいゲーム』

相撲《すもう》マトリクスを書いて相撲ゲームのプロトタイプをつくりました。『はっきよいゲーム』というタイトルです。最初のプレイテストは、ぜーんぜんおもしろくありませんでした。

「のこった！　のこった！」と威勢《いせい》よく言いながらカードを出していくゲームでした。

勢いよく出してもらうために、考《かんが》え込《こ》む部分を削《けず》りに削ってしまった。そのせいで、配られたカードを見た時点で、だいたい自分が勝つのか負けるのかわかってしまうのです。

「のこったのこった！」って言うのは最初の一瞬だけ楽しかったのですが、途中から言う気もなくなる。なにしろ、自分が勝つかどうか最初にわかってしまうので、言うかいがない。もう少し、「どの手を出そうか」と迷う部分があって、逆転できる要素がほしい。そう考えて、ブラッシュアップしてみました。

ゲームには**大きく分けて2種類の楽しさが含有《がんゆう》されています**。ひとつは**瞬間的な楽しさ**。カードをめくって何が出るかなとワクワクする。サイコロをふる瞬間。そういった原始的な楽しさ。

もうひとつは**文脈のある楽しさ**。ここでがまんして後から逆転しよう。この手を打っておいてあとから追い上げよう。そういった戦術や戦略、かけひきから生じる持続的な楽しさ。自分のアクションが場に影響《えいきょう》を与《あた》えて、それに相手が応じて、場が変わっていく楽しさです。

この2つが混ざり合って楽しさが増幅《ぞうふく》します。

―おもしろいゲームの原則―
原始的な楽しさと、戦術的な楽しさがある。

『はっきよいゲーム』のプロトタイプ版では、勢いよくカードを出すことを重視しすぎて、戦術的な楽しさに欠けていたのです。そこで、作戦を練ってカードが出せるようにルールを改善して、再度プレイテストをしてみます。

ところが、こんどは、出す前に考えちゃうので、待ち時間ができてしまいます（ダウンタイムと呼びます）。そうすると「のこった」……「のこったのこった」……「のこった、のこった」というふうになって、あの相撲の「のこったぁのこったぁ！」っていう勢いが消えてしまいました。

うーん、これは困った。考える要素を入れると「のこった」の勢いがなくなり、「のこった」の勢いを重視すれば考える部分がなくなってしまう。どうすればいいんだ。

そのときは、これはどうやってもおもしろくならないかもという不安とあきらめの気持ちのほうが大きかったはずです（『はっきよいゲーム』がどうなったかは、81ページに続きます）。

プレイテストは、むちゃぶりを歓迎《かんげい》する

プレイテストのコツを解説します。

プレイテストした人の意見には、基本的に「そうですよねー」と答える心構えでいましょう。「いやいや、違《ちが》うんです」「そこは、考えたんですが」とか言わない。いったん受け止めるのです。

「こうしたらいいんじゃない？」という提案の多くは、それはもう考えてボツにしたことだったり、それをやるとまた別のところで困ることだったりします。「トントン紙相撲みたいなのがいいなー」とか言われたりして、「いやいやトントン紙相撲じゃないものをつくろうとしてるんですよ！」と言いたくなります。

でも、そのことを言い張らないほうがいい。

せっかくの提案を否定すると、テストプレイヤーが提案してくれなくなります。どんどんいろんな意見を言ってもらうほうがいい（でも、やさしく言ってね、とお願いしましょう）。

「いいですねー」「考えてみます」と、素直《すなお》に受け止めてみましょう。実際に提案をゲームに組み込むかどうかは後で考えて決めればいいのですから、いちど受け止めて、考えてみる。**自分の考え方の視野が狭《せま》くなってるのかもしれないと、自分を疑ってみる。**

「トントン紙相撲の良い部分を取り入れてもいいかもしれない」と考えてみる。むちゃぶりされた気持ちで、そのむちゃぶりをどう活《い》かすかにチャレンジしてみるといいのです。

プレイテストは、観察が大切

もうひとつ。**プレイしている人を観察しましょう**。テストプレイヤーの言葉より、プレイしている姿のほうが多くの真実を伝えてきます。

やさしい友達だと、おもしろくなくても「おもしろかったよ」と言ってくれます。これを信じてはいけません。やさしさゆえの嘘《うそ》です。プレイしているとき「おもしろそうにしているか」を観察しましょう。

「おもしろかったから、もう1回やろう」と言ってくれて実際に再度プレイしてくれたら少しは信じてもいい。「再度プレイしてくれた」という行動が重要です。

テストプレイヤーの行動が多くのことを語りかけてきます。

プレイのルールを間違えたりしたら、その部分はわかりにくいところです。「カードを出して、並べて、1枚引く」というルールなのに、みんな「並べる」のを忘れてしまう。そういうときは、ルールを変えて、忘れにくくしましょう。

たとえば、いっそのことカードの並《なら》べ替《か》えは毎回の手番ではなく特別な状態になったときに行うルールにする手もあるでしょう。「カードを出して1枚引く」か「カードを並べ替える」かどちらかのアクションを選ぶというルールに変更《へんこう》する方法もあります。

プレイヤーがつまらなさそうにしている場面や、つい忘れたり間違ったりするアクションは、改善ポイントです。

乱暴な現場の偶《ぐう》然《ぜん》性《せい》

『はっきよいゲーム』、何度も改善したけどおもしろくなりません。あるとき、プレイテストした人が「のこったのこった言うだけで、おもしろくない。他にもなにか言うほうがよくない？」と言う。「そうですよねー」とぼくが答える。とはいえ、なにを言ってもらえばいいのか見当もつきません。プレイの最初に「はっきよーい」って言うのはいいかも。でも、それを追加しただけでは、あまり変わらない。

でも、「はっきよーい」が心に引っかかっていて、あるとき「あ、はっきよーいの部分でカードを集めるゲームにすればいいんだ」と閃《ひらめ》きます。

カードが配られて、手札の運で勝負が決まってしまうからおもしろくない。でも、自分のプレイでカードを集めれば、それは運ではない。

だから前半の「はっきよーい」で、じっくり考えて手札を使って「のこった」カードを集めて、後半の「のこった」では勢いよくカードを捨てていく。

「運動会の玉入れ」です。前半、自分たちが一生懸命《いっしょうけんめい》に玉を投げ入れているから、後半の玉の数をかぞえるときにドキドキするのです。

「こんなことどうやって思いつくんだ」って思わせるアイデアは、乱暴な現場の偶然性がきっかけになって生まれます。

「のこったのこった言うだけで、おもしろくない」のひとことがヒントになって、「はっきよーいも言うことにしよう」となり、さらに相撲の「立ち合い」と「取り組み」の2部構成をゲームに落とし込むというアイデアに転がっていくのです。

つくっていくなかで、アイデアとヒントがそのつど生成し変化していってどんどんおもしろくなる体験は、やってみないとなかなかわからないかもしれません。

ぜひ、その楽しさをみんなにも味わってもらいたいと思います（さあ、「汚くつくってやりなおせ」です。2時間でプロトタイプをつくってみましょう！）。

なかなかおもしろくならないときはどうするか

プロトタイプ（Prototype）をつくって、プレイテスト（Playtest）して、ブラッシュアップ（Brush Up）する。そしてまたプロトタイプをつくる。

プロトタイプ→プレイテスト→ブラッシュアップ、頭文字《かしらもじ》をとるとＰＰＢなので、このループを「**ＰＰＢを回す**」と呼びましょう。

ＰＰＢを回して、どんどんゲームがおもしろくなる。そして完成する。

といいんですが、「どうやってもゲームがおもしろくならない」こともよくあります。

ぜんぜんどうしていいかわからなくなっちゃった、なんてこともあります。

そういうときどうするか。秘訣《ひけつ》を教えます。

いったんあきらめるのです。

これは奥義《おうぎ》中の奥義です。

やめちゃう。そして、また別のをつくってみる。別の作品でＰＰＢを回してみる。

別のゲームをつくってるうちに、あれ、こうしてみたらどうだろう？　っていうことを

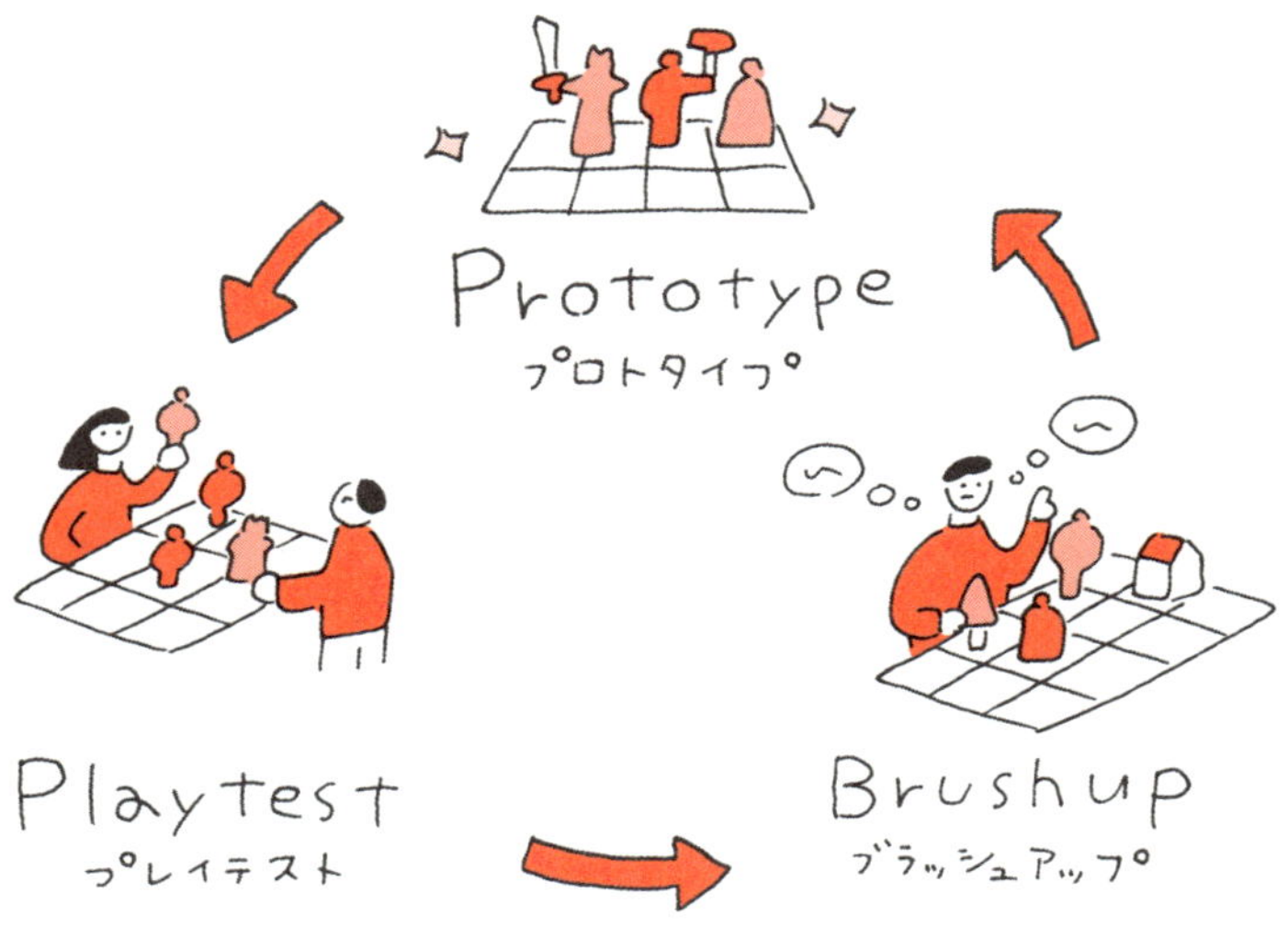

PPBを回す

思いついたら、またもどってPPBを回してみる。

あきらめるふりをして、でも思いついたら、またもどる。最終的にはあきらめない。

そうすれば、いつかは完成します。

別のゲームをつくり出して、そちらがおもしろくなりそうだったら、そちらをつくってもいい。

途中で放りだしたものが10個や20個たまってくれれば、そのうちどれかがおもしろくなります。それぐらいの気持ちでつくってみることをオススメします。

第6章

ルールを改善するともっとおもしろくなる

ルールをつくるコツ

プレイテストをして、つまらないポイントがわかっても、ブラッシュアップするのはなかなかむずかしい。ここで、ルールをブラッシュアップするコツを会得《えとく》するためにトレーニングをしてみましょう。

シンプルなトランプゲームを遊んでみて、それをブラッシュアップしていきます。ルールを変更《へんこう》して、おもしろさを生み出すトレーニングです。

実際にやってみましょう。

ともだちを呼んできて、3人か4人で遊

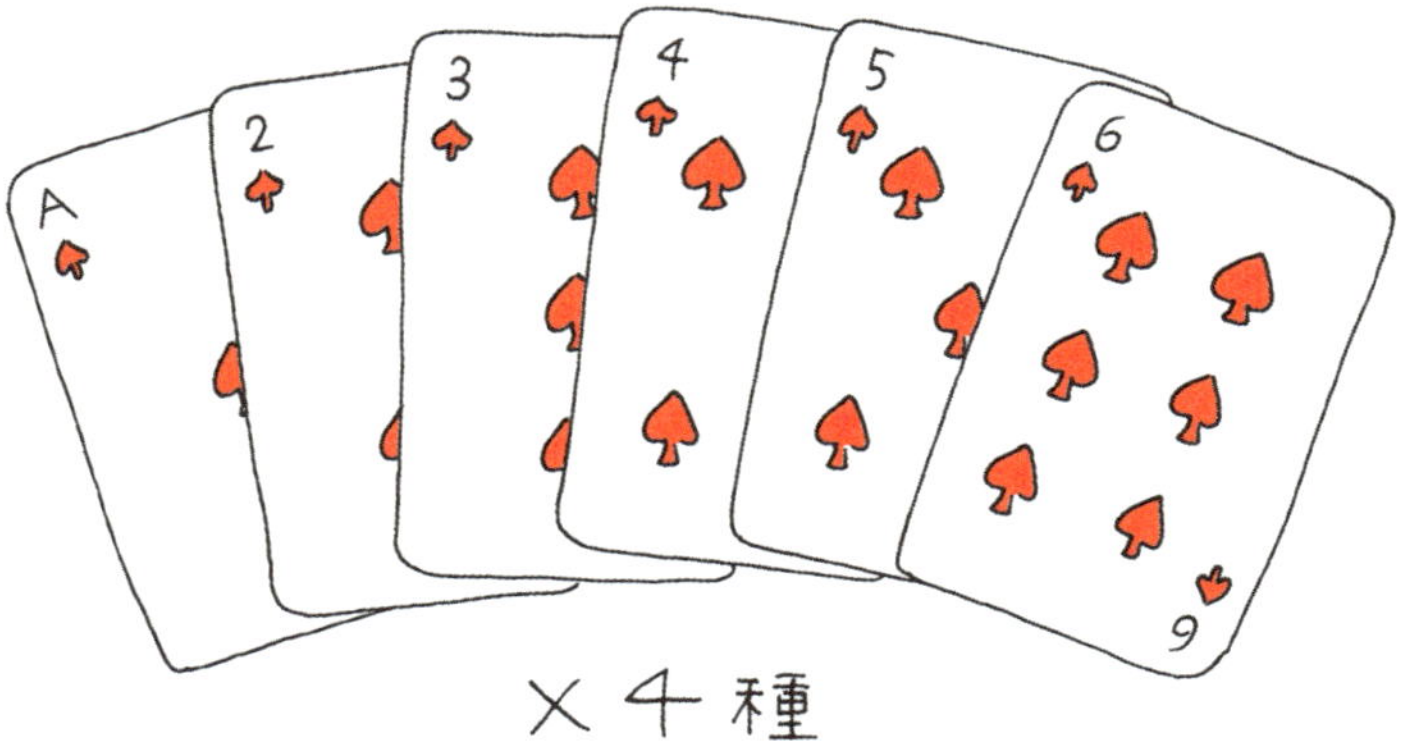

使うトランプ

びます。必要なものはトランプ1組。

まず、まったくおもしろくないトランプゲームを遊んでみます。それから、少しずつ改善していってどう変わるかという実験をします。

まず7以上のカードを箱にしまいます。7、8、9、10、絵札は使いません。つまり1から6までのトランプだけを使います。

トランプには、ハート、ダイヤ、スペード、クローバーの4種類があります。1から6までの6枚が4種類あるので、6×4の合計24枚を使うことになります。

24枚をシャッフルして（混ぜて）、それぞれ同じ枚数になるように配ります。3人なら8枚ずつ、4人なら6枚ずつ配られます。

配られたカードをシャッフルし、一束《ひとたば》にまとめて山にして、各自自分の前に置きます。

「せーの!」で、全員がそれぞれ山札のいちばん上のカードを表向きに出します。いちばん数字が大きいカードを出した人が勝ちです。今回出たカードをすべて獲得《かくとく》して、表にして自分の前に置き、得点とします。

最終的にカードをたくさん取った人が勝ちです。

このルールで、一度プレイしてみましょう。

バグをとる

プレイしてみるといろいろなことがわかります。

まずバグ(不具合)がでる。

たとえば、3人でプレイして、Aさんが3、Bさんが6、Cさんが6のとき。いちばん大きい数字は6で、BさんとCさんが出しています。2人いるときは、だれが勝ちで、だれがカードを獲得するのか?　いまのルールだけではわかりません。

バグです。

では、ルールを追加しましょう。

勝った人が複数人いる場合（ひきわけの場合）は、出したカードはいったん保留にします。そして、次に勝った人が獲得することにします。こうすると、ひきわけが起きた次の勝負は獲得できるカードの数が増えるので盛り上がります。

修正するときのコツは2つ。

—1— **なるべくルールを増やさない。**削《けず》ったり、自然な流れのままバグが修正できないか考える。

—2— **修正したことによってゲームがさらに盛り上がるようにする。**

さあ、もう一度プレイしてみましょう。

これでようやくバグで止まることなくプレイできます。

自己効力感を生み出す

が、ぜんぜんおもしろくない。

なぜでしょうか。

勝敗が運だけで決まってしまうからです。出して勝ったー負けたーっていうのは無邪気《むじゃき》な子供なら楽しいかもしれないけど、大人はあっという間に飽《あ》きてしまう。運が100%だと「別に自分がやらなくてもいいのではないか」ってことになってしまう。

自分がやったことが結果につながるほうが嬉《うれ》しいわけです。「自己効力感」が生じる状《じょう》況《きょう》にあることが大切です。作戦を練って、自分が行動したことで、場に影響《えいきょう》を与《あた》える。その結果、自分が勝ちに近づく。成果があがる。そういった感情を喚起《かんき》するとゲームがおもしろくなります。

77ページで原始的な楽しさと戦術的な楽しさを紹介《しょうかい》しました。その戦術的な楽しさの鍵《かぎ》は「自己効力感」です。自分の力が影響を与えない場は虚《むな》しくなってきます。だから、どのように自己効力感を発揮できる場をルールでつくり出すかはゲームづくりにとって重要なポイントとなります。

―おもしろいゲームの基本原理―　プレイヤーがアクションした結果が場に影響を与え、「自己効力感」がある。

では、どうすれば「自己効力感」のあるゲームにできるのでしょうか？

最初に考えられるのは、「カードを見て、自分で選んで出すようにする」というルールの追加です。**ゲームの「自己効力感」で大切なポイントは「選ぶ」です。**プレイヤーがアクションを選べるようにする。どのカードを出すか選べるようにすると、「自己効力感」がアップするはずです。

「配られたカードを手札にして自分だけこっそり見て、1枚選んで出すようにする」。このルールを1つだけ追加して遊んでみましょう。


どうでしょうか。運100％だったのが、自分のやった行為《こうい》がほんの少し勝ち負けに反映するようになりました。少しはおもしろくなっているはずです。

とはいえ、まだ物足りない。

出すカードを選べるけど、何を選んでも結局は運でしかないように感じられます。相手が何を出すのかほとんど推測できない。作戦が立てられません。

さらに変更が必要なようです。

ゲーム変更の手順1　要素を書き出す

変更するルールを考えるために、要素を書き出してみるのもよいでしょう。

いまプレイしたゲームの全体像をプラモデルだと考えてもらって、そのいっこいっこのパーツを書き出していくイメージです。

自分マトリクスのシートを使ってもいいし、まったくの白紙にキーワードをどんどん書いていくのでもいいでしょう。

たとえば、「トランプ」「ひとり6枚」「大きい数字が勝ち」「持《も》ち越《こ》し」。いろいろな視点での分解もOKです。まああんまり細かいことは気にせずに、**連想する言葉をどんどん書き出していってください**。

たくさん出すことに意味があります。いわゆるアイデア出しの前段階なので。むやみやたらに出していくのがコツです。連想をどんどん拡《ひろ》げていってよいです。

「いやそれはないだろー」「これはダブってるな」みたいなことは気にしない。「これはないな」と思うものも「ダブってるな」と思うものもひとまず書き出してみる。アイデアってなにがどう結びついておもしろいものになるかわからないから。たくさん書いたほうがおもしろいアイデアが生まれます。

要素を書き終えたら、みんなで見せ合いましょう。他の人が書いた要素も書き足しましょう。書き足したら、そこからなにか思いつかないか考えてみて、**お互《たが》いにキーワードを交換《こうかん》しあいながら増殖《ぞうしょく》させていきましょう**（ゲームっぽい！）。

ゲーム変更の手順2　1つだけ変更する

さて、このキーワードをあれこれ眺《なが》めます。

キーワードが示す内容をちょっと変えてみたらどうだろう？　って考えてみます。

「ひとり6枚」を変えてみよう。「ひとり20枚」だとどうだろう。「ひとり3枚」だとどうだろう。「6枚のうち最初は3枚を手札にして、あとから補充《ほじゅう》していく」のはどうだろう。

最初の手札の枚数だけでも、いろんな変更が考えられます。

「カードを配る」を変えてみる手もあります。配り方を変更するのです。ランダムに配るのではなく、全員が同じセットになるように配ってみてはどうだろうか。

アイデアを出す段階は、野放図《のほうず》に、無邪気《むじゃき》に、どんどん出していくほうがいい。ついつい分析《ぶんせき》してからアイデアを出そうとしてしまいますが、分析せずに野蛮《やばん》に考えたほうがいい結果が出るケースが多い。ゲーム制作の後半では分析が必要になってきますが、前半ではあまり分析しないほうがいい。

分析からこぼれ落ちるもの、人が思いつかないようなもの、人が捨てるアイデアこそを、ちゃんと拾えるか、そこを無謀《むぼう》に、無邪気につきやぶって進めていくと新鮮《しんせん》なものができます。「そんなのダメじゃない？」ってアイデアにチャレンジしてみる精神が必要です。実験だと思ってください。

「こう変えてみたらどうなるだろう？」と試《ため》してみる。おもしろくなるならないは二の次です。実験してみて、「こう変化するんだ！」って実感して、その変化をベースにして、じゃあこうすればおもしろくなるかも、っていうポイントが芽生えてくるのです。

そして、**変更するポイントは1つに絞《しぼ》ってください**。

一度に2つも、3つも修正すると、変化したことがどこを修正したから生じたのかわかりにくくなります。1つだけ変更する。やってみる。どう変化したか実感する。また別の変更を考える。

このループを繰《く》り返《かえ》します。すばやくＰＰＢを回すのです。
アナログゲームのすばらしいところは、変更がいくらでも簡単にできるところです。変更するときのコツは、なんでもいいと思って気楽にやること。

ゲーム変更のツボ

変更すると「効く」ポイントを紹介しましょう。

―初期状態― ゲームをはじめる準備がめんどうなゲームはなかなか遊ばれません。はじめるまでのあれこれをなるべくシンプルにすることが大切です。カードの枚数を減らしたり、最初にカードを仕分けるのがめんどうならば、全部カードにせずに一部はチップにしてみたり、カードの大きさを変えてさくっと分けられたりするようにしましょう。

―勝利条件― 「どうなったら勝ちか」はゲームの重要ポイントです。10点以上獲得したら勝ちなのか、最初に10点持っていて点が削られていって0点以下になると負けなのか。だれか１人が勝利者になるとゲームが終わるのか、0点になった人から脱落《だつらく》していくのか。

どうなると勝負がつくのか。ゲームの遊び心地《ごこち》の重要なポイントになります。

―**情報の公開**― 手札は自分だけが情報をにぎっているカードになります。手札からカードを表にして出せば、何を持っていたのかは全員が知る情報になります。そして、そのカードを出したということから、あのカードは持ってないのかもしれないぞ、と手札が推測されることがあります。情報を自分だけが握《にぎ》っているか、公開されるかの具合が変化していくのがゲームの醍醐味《だいごみ》をつくります。情報の公開具合を軸《じく》に変更点を考えてみるのもいいでしょう。

―**手番**― ゲームをプレイする順番です。1人ずつ順番にプレイする。同時にプレイする。勝った人からプレイする。早いもの勝ちでどんどんプレイする。さまざまな手番、プレイの順番があります。手番の構造がゲームの印象を大きく左右します。

―**言葉**― ゲームのモチーフと結びつく部分です。たとえば0点になったことをどう呼ぶか。「死ぬ」なのか「脱落」なのか「失格」なのか、言葉ひとつで印象が変わります。

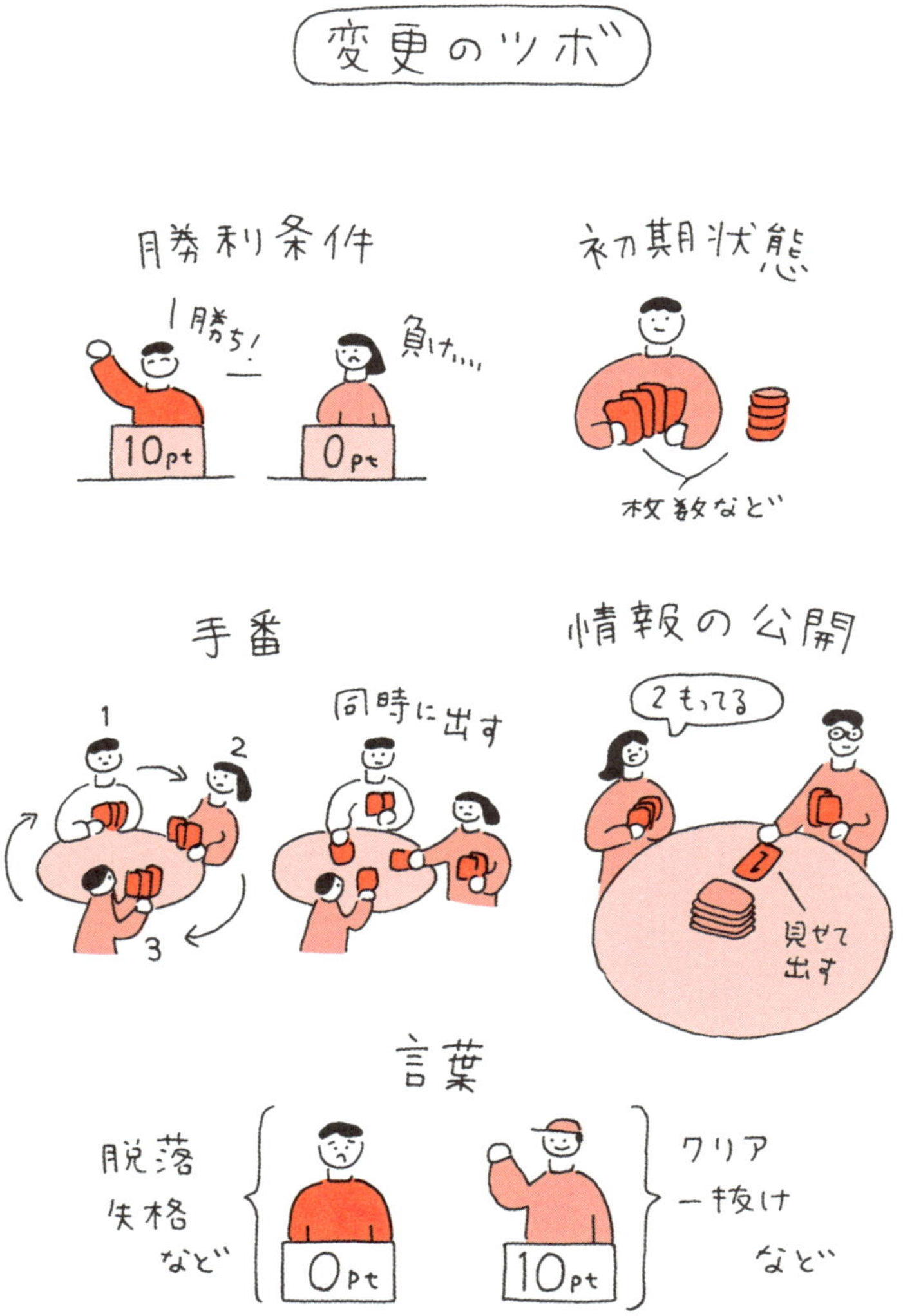

変更すると「効く」ポイント

ゲーム変更の手順３　プレイテストしてみる

では、ひとまずみんなで１つ変更ルールを提案してみましょう。

重要なポイントなので繰り返しますが、**このとき、「そんな変更ダメだよ」と言わない。プロトタイプは赤《あか》ん坊《ぼう》です。**ありとあらゆる可能性にチャレンジさせてあげましょう。ちょっとバブバブできるようになったら喜ぶ感覚でやってください。それぞれのルールを温かい目で見守って、ゆっくり育てていく気持ちを忘れずに。

それぞれの変更点をルールに組《く》み込《こ》んで、プレイしてみましょう。

ぼくの主催《しゅさい》する「ゲームづくり道場」で出てきた案を紹介してみましょう。

―案A―　カードを「せーの」で出すんじゃなくて、１人ずつ順番に出すというルール。後の人は前の人のカードを見てから出すものを決められます。次のターンは、前のターンで勝った人からスタートします。最終的に取ったカードの数字の合計が得点になります。

—案B— 持っている本人は手札の数字が見えないように、周囲の人にだけ見えるように裏向きに持つというルール。その状態で隣《となり》の人が出す、というのを試してみました。

—案C— カードを伏《ふ》せて出して、オープンにするときにこれは勝てないかなと思ったら戻《もど》せる。

—案D— いちばん強いカードを出した人が複数人いる場合、数字がかぶってない人を勝ちにしました。６６１と出ていた場合、１が勝ちになります。

いろいろな変更案を出すことができます。出てきた変更案をプレイしてみて、おもしろさがどう変わるかを体験してみる。そのうえでどれかを採用して、またやってみる。

そうやってゲームをおもしろくしていくのです。

ぜひ１つ試してみてほしい変更ルールがあります。

「２番目に大きい人が勝ち」というルールです。

１つルールを変えるだけで遊び心地が変わることがよくわかると思います。遊んでみて、もう少し変えてみるとしたらどうしたらいいかを考えてみてください。

マニュアルをつくる

つくっているゲームをブラッシュアップして、おもしろくなってきたら、マニュアル（説明書）をつくってみましょう。ブラッシュアップしてルールをあれこれ変更していくと、いま、どのルールだったか自分でもわからなくなることもあります。

ちゃんと記録を残しているほうがいい。**どう変化させたか、どういう改善をしていったかの記録としてマニュアルをつくる**。ゲームを改善するたびにそのマニュアルをつくり変える。

プレイテストするときは、自分で、カードなどを実際にくばったりめくったりして遊び方を説明してきました。これを紙に移《うつ》し替《か》える。

マニュアルを読めば、遊べるような状態にします。案外、むずかしいのですがチャレンジしてみてください。

マニュアルに必要な要素を説明します。

基本的なフォーマットは以下の通り。

―**タイトル**― タイトルがまだ決まってない人も、ひとまず仮で決めておくと、他の人がイメージしやすいです。制作者名、制作年月日も明記しましょう。

―**プレイ人数**― たとえば3～5人とかね。ゲームのパッケージにも明記してあることが多いです。

―**プレイ時間**― だいたいのプレイ時間を書く。映画やドラマと違《ちが》って、ゲームはプレイの仕方でかかる時間が変わる。だから、何度も遊んで平均的な時間を計測しておくといいです。

―**対象年齢《たいしょうねんれい》**― 心理学者ピアジェの認知《にんち》発達段階説《はったつだんかいせつ》によると、7歳《さい》から自己中心性から脱却《だっきゃく》して相手の立場にたった考え方ができるようになるそうです。他の人のカードはどうなんだろうと想像することができるようになる。ゲームプレイの複雑さやモチーフの内容によって、対象年齢を決めていきます。

―**内容物**― 箱のなかに何があるかを明記する。プレイテストの段階ではまだ定まっていないかもしれませんが、仮でもいいので書いておきましょう。通常カード26枚、スペシャルカード4枚、ボード1つ、とかね。図がついているとわかりやすい。

―**目的と概要《がいよう》**―　おおざっぱな、こんなゲームですっていう説明。勝利条件が書いてあるとわかりやすい。またゲーム設定の背景や、ストーリーがある場合は、このあたりで紹介しましょう。プレイヤーに、「われわれは何をやっているのか」「どのような勝利を目指しているのか」を示す部分になります。

―**ゲームの準備**―　ゲームをプレイする前に必要な準備。何をどう配置して、どうやって順番を決めるのかなど、ゲームを始める前にやっておくべきことを記す。すべてのカードをよく混ぜ、それぞれ3枚ずつ配ります。残りのカードは伏せて山札にします。山札から3枚公開して、山札の横に並べます。などなど。これも図で示すとわかりやすくなります。

―**ゲームの手順**―　ゲームをどういうふうに進めていくか。プレイする手番や、アクションなどを解説します。マニュアルでいちばん長くなる部分です。

―**ゲームの終了《しゅうりょう》**―　どうなったらゲームが終わるのか、終了条件を示します。最後に得点計算があるものは、計算方法も書きます。どうやって勝敗を決めるのかを明記します。

―**よくある質問**―　よくある質問とその答えを書きます。補足説明の部分です。

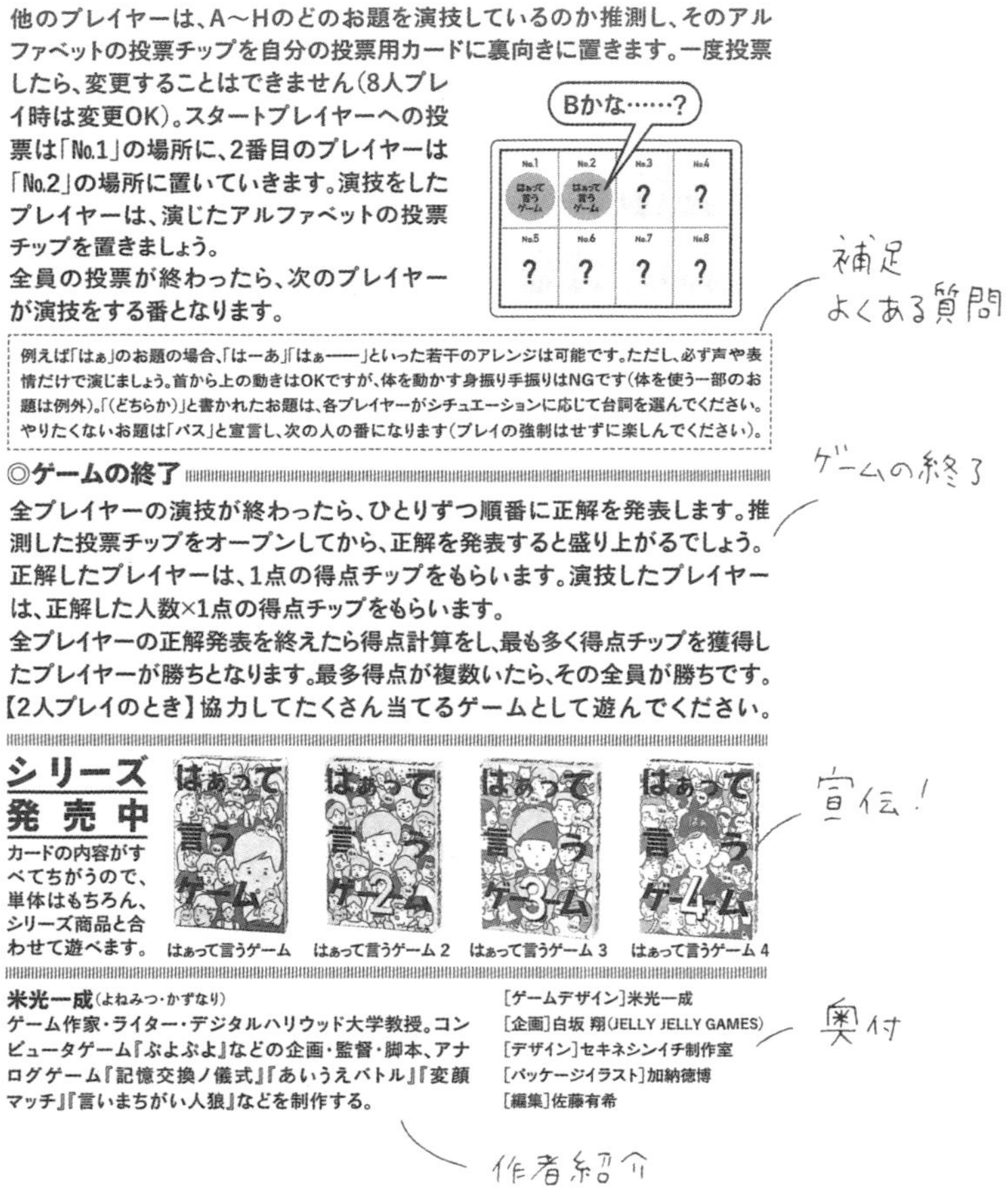

他のプレイヤーは、A～Hのどのお題を演技しているのか推測し、そのアルファベットの投票チップを自分の投票用カードに裏向きに置きます。一度投票したら、変更することはできません（8人プレイ時は変更OK）。スタートプレイヤーへの投票は「No.1」の場所に、2番目のプレイヤーは「No.2」の場所に置いていきます。演技をしたプレイヤーは、演じたアルファベットの投票チップを置きましょう。
全員の投票が終わったら、次のプレイヤーが演技をする番となります。

例えば「はぁ」のお題の場合、「はーあ」「はぁ――」といった若干のアレンジは可能です。ただし、必ず声や表情だけで演じましょう。首から上の動きはOKですが、体を動かす身振り手振りはNGです（体を使う一部のお題は例外）。「（どちらか）」と書かれたお題は、各プレイヤーがシチュエーションに応じて台詞を選んでください。やりたくないお題は「パス」と宣言し、次の人の番になります（プレイの強制はせずに楽しんでください）。

◎ゲームの終了

全プレイヤーの演技が終わったら、ひとりずつ順番に正解を発表します。推測した投票チップをオープンしてから、正解を発表すると盛り上がるでしょう。
正解したプレイヤーは、1点の得点チップをもらいます。演技したプレイヤーは、正解した人数×1点の得点チップをもらいます。
全プレイヤーの正解発表を終えたら得点計算をし、最も多く得点チップを獲得したプレイヤーが勝ちとなります。最多得点が複数いたら、その全員が勝ちです。
【2人プレイのとき】協力してたくさん当てるゲームとして遊んでください。

シリーズ発売中
カードの内容がすべてちがうので、単体はもちろん、シリーズ商品と合わせて遊べます。

はぁって言うゲーム　はぁって言うゲーム 2　はぁって言うゲーム 3　はぁって言うゲーム 4

米光一成（よねみつ・かずなり）
ゲーム作家・ライター・デジタルハリウッド大学教授。コンピュータゲーム『ぷよぷよ』などの企画・監督・脚本、アナログゲーム『記憶交換ノ儀式』『あいうえバトル』『変顔マッチ』『言いまちがい人狼』などを制作する。

［ゲームデザイン］米光一成
［企画］白坂 翔（JELLY JELLY GAMES）
［デザイン］セキネシンイチ制作室
［パッケージイラスト］加納徳博
［編集］佐藤有希

『青春のはぁって言うゲーム』のマニュアル

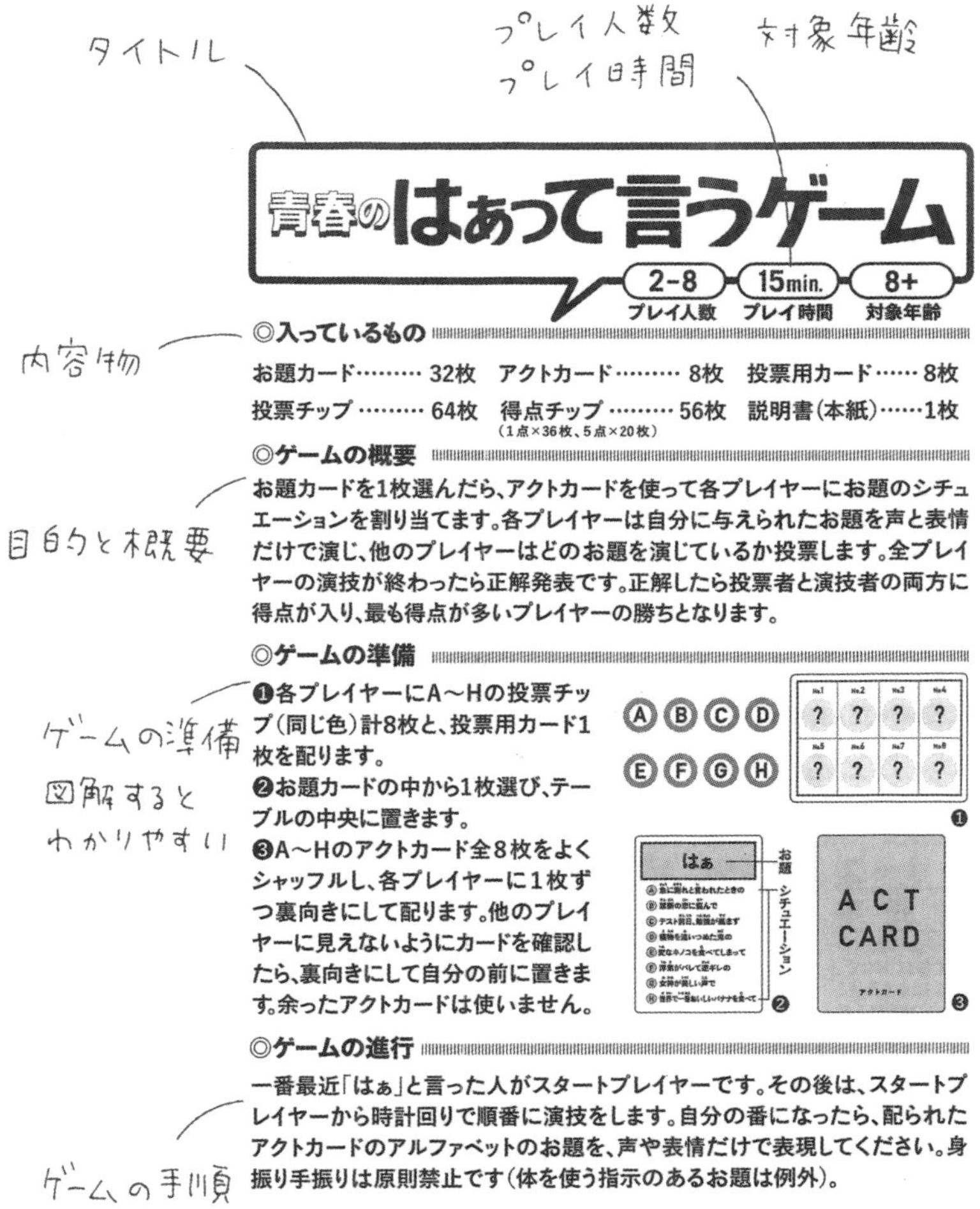

タイトル
プレイ人数
プレイ時間
対象年齢
内容物
目的と概要
ゲームの準備
図解すると
わかりやすい
ゲームの手順

青春のはぁって言うゲーム

2-8 プレイ人数　15min. プレイ時間　8+ 対象年齢

◎入っているもの

お題カード……… 32枚　アクトカード……… 8枚　投票用カード…… 8枚
投票チップ ……… 64枚　得点チップ ……… 56枚（1点×36枚、5点×20枚）　説明書（本紙）……1枚

◎ゲームの概要

お題カードを1枚選んだら、アクトカードを使って各プレイヤーにお題のシチュエーションを割り当てます。各プレイヤーは自分に与えられたお題を声と表情だけで演じ、他のプレイヤーはどのお題を演じているか投票します。全プレイヤーの演技が終わったら正解発表です。正解したら投票者と演技者の両方に得点が入り、最も得点が多いプレイヤーの勝ちとなります。

◎ゲームの準備

❶各プレイヤーにA～Hの投票チップ（同じ色）計8枚と、投票用カード1枚を配ります。
❷お題カードの中から1枚選び、テーブルの中央に置きます。
❸A～Hのアクトカード全8枚をよくシャッフルし、各プレイヤーに1枚ずつ裏向きにして配ります。他のプレイヤーに見えないようにカードを確認したら、裏向きにして自分の前に置きます。余ったアクトカードは使いません。

◎ゲームの進行

一番最近「はぁ」と言った人がスタートプレイヤーです。その後は、スタートプレイヤーから時計回りで順番に演技をします。自分の番になったら、配られたアクトカードのアルファベットのお題を、声や表情だけで表現してください。身振り手振りは原則禁止です（体を使う指示のあるお題は例外）。

す。

——奥付《おくづけ》—— 発行日、連絡先《れんらくさき》、発行者など。パッケージに表記するパターンもありま

す。

こういったことを、図解や具体例を交えながら、できるだけわかりやすく記してくださ

い。

まとめ

ここまでくれば、ほぼ完成です。ゲームづくりの流れをまとめてみましょう。

◆「自分マトリクス」を使って、自分を分解する。キーワードに分けてみる。そして観察する。自分を観察するなんて変だけど、やってみるとおもしろい。

◆そして、その中からひとつ、つまみあげてみる。自分の好きなもの（夢中になれるものでもいいよ）をつまみあげて、それをモチーフにしてゲームにできないか考えてみる。

◆こんどはモチーフを分解してみる。構成する要素や連想する言葉を書き出してみる。

「テーママトリクス」だ。そして観察する。どのキーワードをメインにしてゲームを組み立てるかピックアップする。

◆次にゲームのゴールを考えてみる。勝利条件だ。プレイヤーが目指す目標を想起して、そのためにプレイヤーがやることをイメージしてみる。プレイヤーのアクションはなにか？　どのタイミングで、どんなことをするのか？　そうするとアクションを行うためのルールが浮《う》かび上《あ》がってくる。

◆ここまでくるとプロトタイプをつくりたくなってくる。つくって、実際に試してみたくなる。いきなり巨大《きょだい》な規模でつくるのはたいへんだし、危険だから、小さくつくってみる。「汚《きたな》くつくってやりなおせ」のスピリッツを胸に抱《いだ》き、1日でつくってみる。

◆プレイテストです。遊んでみます。たいていおもしろくない。どうすればおもしろくなるだろうと考える。ルールの修正です。

◆ここでも、よくばらない。よくばって3か所も4か所も修正しちゃうと、どの修正が良かったのか悪かったのかわかりにくいから。1か所だけ修正する。そしてまたプレイテストを行う。遊び心地がどう変わったかを実感する。そして、また修正する。

◆以降、この繰り返し。

そうやって、いつか「これ、おもしろいよ！」というゲームができあがってくる。

そうすれば、しめたもの。あとは、もっと楽しくなるようにイラストを美しくしたり、枚数を増やしたり、カードよりタイルのほうが遊びやすそうであればそうしてみたり、どんどん完成に近づいていけばいいのです。

column

スタートプレイヤーの決めかた

ゲームのモチーフに関連することでスタートプレイヤーを決めるのが「テーブルゲームのマニュアルあるある」です。実際的じゃないものもあり、半ば冗談《じょうだん》ですが、ここでもプレイヤーを楽しませる工《く》夫《ふう》をこらしたものがたくさんあります。いくつか紹介しましょう。

米光《よねみつ》の『抜歯歯《ばっしっし》デスゲーム』は、いちばん最近歯医者に行ったプレイヤーからスタート。

『マンマミーア!』(ウヴェ・ローゼンベルク)は、もっともお腹《なか》の空《す》いている人がスタートプレイヤー。

『Hanabi』(アントワーヌ・ボウザ)は、もっともカラフルな服を着ている人。

『コヨーテ』(スパルタコ・アルバタレッリ)は、もっともコヨーテの鳴き真似《まね》がうまい人。

『トマトマト』(加藤大晴《かとうたいせい》)はいちばん最近トマトを食べた人。

『ツォルキン』(シモーネ・ルチアーニとダニエレ・タシーニ)は、もっとも最近、生贄《いけにえ》を捧《ささ》げた人です。

他にも、このゲームの箱を開けた人、最近じゃんけんで勝った人、最近海に行った人、最近ジェットコースターに乗った人、なんてのもあります。

第7章

すべてをゲームにしてみよう

マジックサークルを出現させよう

ゲームの世界では、「ルールに従ってできている楽しい場」のことを「マジックサークル（魔《ま》法陣《ほうじん》）」と呼びます。

たとえば、学校の休憩時間《きゅうけいじかん》に友達と集まって「鬼《おに》ごっこをやろう！」とはじめると、鬼ごっこのマジックサークルが生じるのです。マジックサークルの外の人は、鬼ごっこのルールには従ってくれません。鬼がタッチしても、「え？　なに？」ってなります。もしかしたら「え、鬼ごっこにまきこまれたの？」と気づいて、その人が鬼ごっこに参加してくれることもあるでしょう。そうなると、その人もマジックサークル内の一員になります。休憩時間が終わったら、マジックサークルは消えてしまいます。授業中にタッチしても、「もう鬼ごっこは終わってるよ」と返されるだけでしょう。

ゲームのよいところは、やりたいときに、やりたい人が参加して、マジックサークルが生み出され、やめたら、マジックサークルがぱっと消えるところです。

ゲームで勝っても負けても、それ以降の生活に直接的な影響《えいきょう》を与《あた》えません。ゲームで大金持ちになっても、（残念ながら）現実の世界にもどると大金持ちではありません。反対にゲームの世界で大借金を抱《かか》えてもゲームが終われば借金は消えます。すべてマジックサークルが生み出した幻影《げんえい》です。

でも、だからこそ、ゲームの中では、（架空《かくう》の）お金や、（架空の）命や、（架空の）大《だい》冒険《ぼうけん》を、大胆《だいたん》に駆使《くし》して遊べるのです。現実ではできないことをやってのけられるのです。

ゲームの勝敗や生き死にや競争や上下関係は、プレイヤーが協力してつくり出す架空の概念《がいねん》です。マジックサークルが消えてしまえば、ともに消えていく。そのことがわかっているから、気楽に上下関係を楽しみ、生き死にのスリリングさを味わえるのです。

理解力のない人は、現実とゲームを混同してしまうことを恐《おそ》れます。でも、ゲームを楽しむということは、ゲーム世界が架空であると認識《にんしき》できているからなのです。架空であるからこそ、大胆なアクションをして、大胆に生き死にを楽しんでいるのです。

押《お》し付《つ》けられる「頭のよくなるゲーム」や「学習ゲーム」がおもしろくないのは、このためです。**日々の生活に役立てようとする邪念《じゃねん》が、マジックサークルの魔法の「変幻自在《へんげんじざい》性《せい》」や「軽み」をないがしろにしているのです。**

たとえば勉強をゲーム化すること

マジックサークルの変幻自在性をないがしろにしなければ、「頭のよくなるゲーム」もちゃんと成立します。

他人がゲーム化した勉強は、つまらない可能性があります。ゲーム化されてなおつまらない勉強ほどバカバカしいものはありません。

もし誰《だれ》かから押し付けられて、素直《すなお》に遊んでみたけど、つまらないなーと思ったときは、どうどうと、これは「自分には合わない（not for me）」と言いましょう。

「つまらない」というよりもやさしい言い方です。「つまらない」だとゲームそのものがダメだと言ってるように響《ひび》きますが、「自分には合わない」だと、視点が「わたし」に限定されていることを明確に示しています。「おもしろいという人もいるだろうけど、わたしには合わない」という伝え方です。

押し付けられないようにするいちばんの方法は「自分でゲーム化すること」です。自分でゲーム化する場合は、自分の必要に応じて、自分に合うようにつくることができます。「役に立つぞ」と押し付けられるゲームとは異なります。

自分でつくったゲームなら、つまらなかったら修正すればいい。ブラッシュアップを続けて、おもしろくすればいいだけです。

この本で習得してきた「ゲームのつくりかた」を使ってやってみれば大丈夫《だいじょうぶ》です。

英単語暗記ゲーム

ピックアップするモチーフを勉強にするだけです。

たとえば、英単語の暗記をゲーム化してみましょう。勝利条件を決めます。「単語をいっぱいおぼえる」にしてみましょう。プレイヤーのアクションは、単語の暗記です。わかりやすいように、左に日本語、右に英単語を書いたリストをつくります。きりがいいので100単語にしましょう。80個以上おぼえたらクリア、勝利としましょうか。

まず3分間で何単語おぼえられるかチャレンジです。タイマーを使ってイッキにやってしまいましょう。

3分間たったら、全部おぼえてなくても、テストの時間です。何単語おぼえたかチェックしてみましょう。

リストの英単語の部分を隠《かく》して、日本語を見て、英単語を書いてみましょう。おぼえた個数を得点にします。80点以上取れたらクリアです。

とてもシンプルです。ゲームっぽくない。「小さくつくって大きく育てる」です。まず、ざっくりつくってみる。ここからブラッシュアップしていけばいいんです。

自分でつくるのですから、80点取れるか取れないかギリギリのラインになるように自分でゲーム調整してやることになります。英単語のリストをつくる時に80点ギリギリ取れるよう単語を選んだり、3分間だと難しかったから5分間にしてみよう、とか。

自分自身で、自分が楽しくなるようにゲームバランスやゲームルールをブラッシュアップしていくのです。

もっとゲームっぽいほうがいいなと思ったら、ゲームっぽくブラッシュアップしてみましょう。単語をカード化してみたり、イラストを添《そ》えてみたり、クロスワードパズル的なパズル要素を入れてみたり、工夫《くふう》してみましょう。

答えられたカードは左側に山にして、その山の高さでいままでやってきた勉強量を可視化してやるのもいいでしょう。答えられなかったカードは、扉《とびら》に貼《は》り付《つ》けて目に付くようにしてやる、とか。

ソロプレイだと退屈《たいくつ》になるので、友達と対戦にしてみるのも良い手です。同じリストを共有して、会った時にお互《たが》いに出題し合ってみます。そうやってゲーム化してしまえば、無味乾燥《むみかんそう》だった暗記も楽しくできるようになります。

「小さくつくって大きく育てる」の精神で、どんどんブラッシュアップしてみましょう。

人生のルールだってつくれるのだ

そして、ゲームづくりを通して、場がおもしろくなるようなルールをつくりだす達人になったあなたは、**生活のルールも変えることができる**でしょう。

ルールは、あなたの人生のどこにでも存在します。

学校のイヤなルールを変えることもできます。実際に、あなたたちの先輩《せんぱい》たちが、学校のルールを変えてきたのですから。むかしは、男子学生は全員坊主頭《ぼうずあたま》の学校がたくさんありました。いままでは、ほとんどない。これも、誰かがルールを変えたのです。

友達との関係性の中にあるルールも変えることができます。根本的な原理は同じです。要素を出してみて、観察して、ポイントを絞《しぼ》って、少しだけ変更《へんこう》してみる。変更したらどうなるかを試《ため》してみて、少しずつ楽しい関係性にしてみるのです。友達に、この本の内容を話して（貸してあげて読んでもらうのもいいよ）、こんなふうにして変えてみたいんだと相談するのもいいと思います。

いっしょに、お互いの関係をよりおもしろいものにするための試行錯誤《しこうさくご》の実験、友達関係のゲーム化です。

自分のルールを変えることもできます。これは暗黙《あんもく》のルールが多いうえに、自分で自分を観察することになるので、ちょっとむずかしいかもしれません。われわれはふだん自分がどんな表情をしているか見ることがなかなかできません。録音した声を聞いて、自分の声じゃないみたいだと思った人も多いでしょう。自分を観察するのはむずかしいのです。

でも、できます。コツは記録を取ることです。書き出してみる。自分のデータを蓄《たくわ》える。たとえば、「自分マトリクス」を毎日書いてみる。日々の「自分マトリクス」をためていくのです。1年続けてみてください。自分の気にしてるもの、好きなもの、嫌なことが、どんどん変わっていることがわかると思います。

調子が悪いときはキーワードがたくさん出てこなかったりします。自分が自分をどう捉《とら》えているか、その変化を振《ふ》り返《かえ》ることができるようになります。

観察して糸口がつかめれば、自分のルールを変更して、より楽しい自分をつくりあげることができるようになります。ちょっとしたルールを決めてみて、それが自分を楽しくするかどうかチェックしてみてください。

いろいろなコツや方法や奥義《おうぎ》があるのですが、長くなっちゃうので、この話はまた別の機会に。

『はぁって言うゲーム』誕生秘話

最後にひとつ、「自分マトリクス」からゲームが誕生した経緯《けいい》を紹介《しょうかい》しましょう。

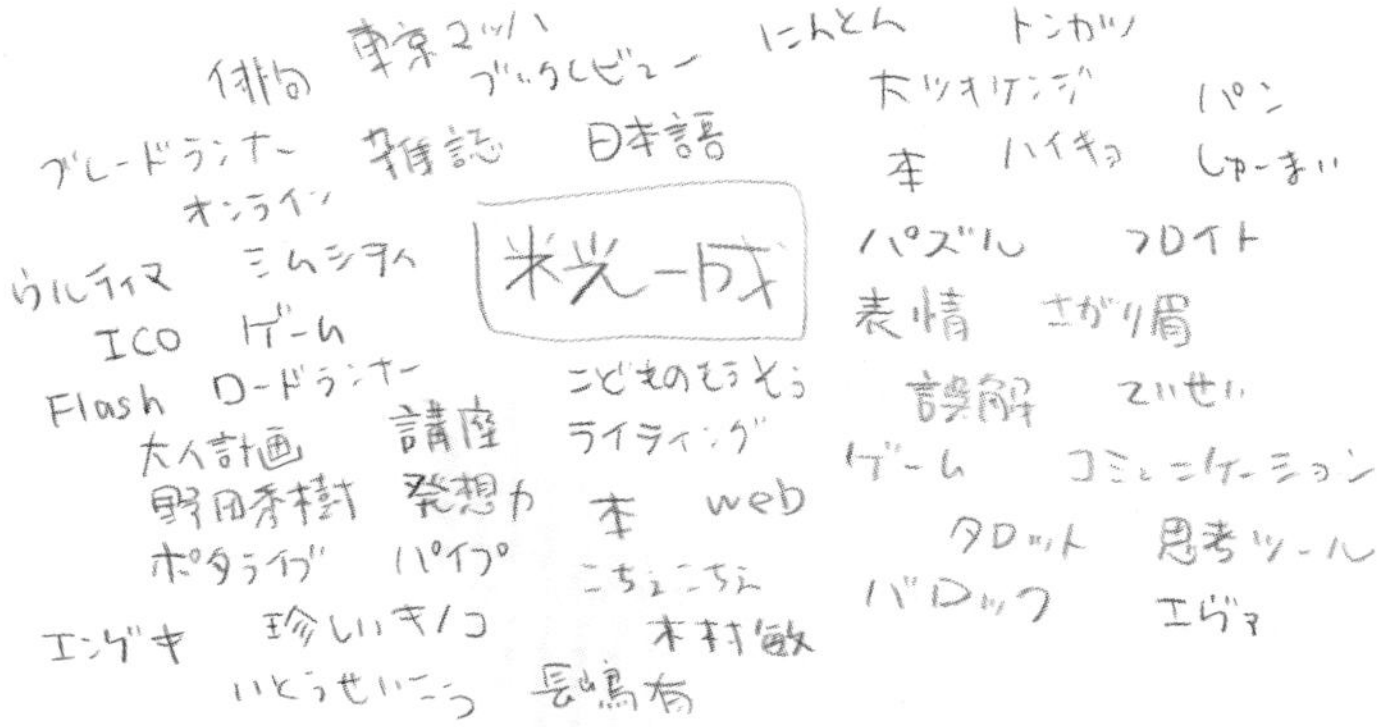

『はぁって言うゲーム』はここから生まれた

これは、ぼくが書いた「自分マトリクス」です。名前の右側に「誤解」「さがり眉《まゆ》」「表情」とあります。ひとから誤解されることがときどきあって、そのことが気持ちの中にひっかかっていました。

ぼくは、さがり眉で、ちょっと困ってる顔に見えちゃうんですね。自分では「今日は絶好調だぜ！」と思ってるのに、「疲《つか》れてる顔してますね」って言われることがあります。

それだけならいいんですが、油断してると相手に「ぶっきらぼう」だと思われます。

ゲームをチームでつくっているとき。描《か》いた絵をグラフィックデザイナーが持ってきてくれて、ぼくは良いと思ったので「ＯＫ」と言います。ところが、言い方が悪かったのか、デザイナーは「この人はＯＫと言ったけど、良いとは思ってないな」と受け取って、絵を描きなおしてきたのです。

コミュニケーションはむずかしい。

そういったことがあった後だったので、顔のまわりのキーワードが「誤解」「さがり眉」「表情」になった。

それ以降は、「OK」のときは、できるだけ明るく、声も朗《ほが》らかに、ジェスチャーもつけるようになった。言葉だけじゃなく、言葉以外の部分でも気持ちを伝えるようにこころくばりをするようになったんですね（ときどき油断するけれど）。

それからしばらくして。ぼくは「ゲームづくり道場」という道場をはじめます。稽古《けいこ》が終わって、みんなで晩ごはんにでも行こうってなった移動中。稽古生たちがみんな楽しそうに話してるのに、ぼくはその輪に入れなくて、ひとりとぼとぼ歩いてたんです。

道場主なのに！　さびしい。晩ごはんのときも「さびしい」のはイヤだから、なにか話しかけられるゲームはできないだろうか。みんなから「好き」と言ってもらえると最高じゃないか。

そのとき「自分マトリクス」の「誤解」「さがり眉」「表情」を思い出しました。

あの「誤解」が生まれる状況《じょうきょう》は、ゲームだったら楽しいのでは？　しかも「話しかけられるゲーム」になるのでは？

メモ帳に「好き」というお題を書いて、その下にシチュエーションを書きます。どれかのシチュエーションを「好き」って言うだけで演じて、他の人が当てるゲームです。

でも、いきなり最初から「好き」って言ってみて、っていうのはゲームでもハードルが高いかもしれないと思って、もうひとつ「はぁ」のお題をつくります。

こうやってできたのが『はぁって言うゲーム』です。

むかし「ＯＫ」が誤解された状況を再現するゲームをつくったのです。日々生きるなかで誤解されるのはとても残念なことです。誤解を解くのは難しいし、モヤモヤした気持ちが残ります。でも、ゲームの中なら、誤解されることは「楽しい」経験に変わります。当たったら嬉《うれ》しいし、外れたら悔《くや》しい。正解がすぐにわかるので、モヤモヤした気持ちも残りません。軽《かろ》やかなマジックサークル内の架空の「誤解」です。

さっそく即席《そくせき》の『はぁって言うゲーム』を遊んでみました。盛り上がった！

みんなと楽しく「はぁ」って言ったり、「好き」って言ったりしました。

「どうしたらアイデアが閃《ひらめ》くのか」とインタビューで聞かれることがあります。そのときに、『はぁって言うゲーム』のアイデアは「晩ごはんに向かう途中《とちゅう》さびしかったから浮《う》かんだ」というエピソードを話します。

たしかにアイデアが閃いたきっかけは、「それ」なのですが、でも、実は、自分マトリクスを書いて、「誤解されたときの悲しさ」を意識していて、そこと結びついたからなんですね。

だから本当は「アイデアは閃く」ものではなくて、たくさん溜《た》まって溜まって吹《ふ》き出《だ》すものだと思っています。いろんな思い、アイデアの種、考え、そういったものがマグマのように溜まっていって、あるとき結びついて、火山のように吹き出すのです。

そのために、いつも「これってゲームにならないかな」と考えたり、「自分マトリクス」や、いろいろなことで「テーママトリクス」を書いて、要素《ようそ》分析《ぶんせき》しています。

ゲームのアイデアを出すコツは、いつだって「楽しくできないかな」と考えることです。

つまらないことがあったり、楽しくない場があったら、「これってどうにか楽しくできないかな？」と考えます。そして、ルールをちょっとだけ変更してみます。

ルールを変えるのは、勇気のいることです。でも、ちょっとルールを変えるだけで、いろいろなことが大きく変わります。ちょっとした勇気で、世界は楽しくなります。

次に読んでほしい本

古典は以下の2冊をおさえておくといい。『**遊びと人間**』（ロジェ・カイヨワ著／多田《ただ》道《みち》太郎《たろう》・塚崎幹夫《つかさきみきお》訳／講談社学術文庫）。ゲーム関連の本を読むとたびたび引用されている遊びの性質（競争・運・模擬《もぎ》・眩暈《めまい》）を提示した名著。『**ホモ・ルーデンス**』（ホイジンガ著／高橋英夫《たかはしひでお》訳／中公文庫）。これまた多々引用されている名著、遊戯《ゆうぎ》が文明といかに密接に関わるかを考えるための1冊。

ゲームデザインの根源から考察しようとするならば『**ルールズ・オブ・プレイ**（ユニット1～4）』（ケイティ・サレン＋エリック・ジマーマン著／山本貴光《やまもとたかみつ》訳／ニューゲームズオーダー）。「ゲームとは何か」から徹底的《てっていてき》に考察して、紙版は1300ページ超《ご》えの大著。ルビを活用した山本貴光の翻訳《ほんやく》も素晴《すば》らしい。

ボードゲームのメカニクスを網羅《もうら》した『**ゲームメカニクス大全　第2版**』（Geoffrey Engelstein ＋ Isaac Shalev 著／小野卓也《おのたくや》訳／翔泳社《しょうえいしゃ》）も手元に置いておくと便利。

『**ボードゲームで社会が変わる**』（與那覇潤《よなはじゅん》＋小野卓也／河出新書）は、鬱《うつ》になって入院したときにボードゲームと出会った評論家とボードゲーム普及活動《ふきゅうかつどう》をしている寺院住職の対談を中心にしたゲームと社会の関わりを考える本。**『子どもたちはインターネットやゲームの世界で何をしているんだろう？』**（関正樹《せきまさき》／金子書房《かねこしょぼう》）は、ネットやゲームにハマっているこどもが心配な保護者向けの本だからこそゲームにハマっている我々が読むべき本だ。アップデートされている「ゲーム障害」に関する取り組みについて多角的に理解できる**『こころの科学　メンタル系サバイバルシリーズ　ゲーム障害再考』**（佐久間寛之《さくまひろし》＋松本俊彦《まつもとしひこ》＋吉川徹《よしかわとおる》編／日本評論社）もオススメ。

いろいろなボードゲームを紹介《しょうかい》する本ならば**『EVERYBODY WINS!』**（Dianne Schilling + Terri Akin/Innerchoice Publishing）。英語の本だけど、いまやAI翻訳で読めるし、写真がめちゃいいので眺《なが》めるだけでも楽しい。日本語なら**『安田均《やすだひとし》のゲーム紀行　1950―2020』**（安田均／新紀元社）、**『世界のゲーム事典』**（松田道弘《まつだみちひろ》／東京堂出版）、**『本当に面白《おもしろ》いボードゲームの世界』**（太田出版《おおたしゅっぱん》編／太田出版）、雑誌**『GMウォーロック』**（グループSNE）、そして現代ボードゲーム紹介2大マンガの**『放課後さいころ倶楽部《くらぶ》』**（中道裕大《なかみちひろお》／小学館）、**『アナゲ超特急』**（磨伸映一郎《ましんえいいちろう》／グループSNE）をオススメ。

ゲーム的な手法を生活や学習に応用したい人は**『幸せな未来は「ゲーム」が創る』**（ジェイン・マクゴニガル著／妹尾堅一郎《せのおけんいちろう》監修《かんしゅう》／早川書房）、**『スーパーベターになろう！』**

（ジェイン・マクゴニガル著／武藤《むとう》陽生《ようせい》・藤井《ふじい》清美《きよみ》訳／早川書房）の2冊から。Playful に学ぶためには『**ゲームと対話で学ぼう**』（吉川肇子《きっかわとしこ》＋Sivasailam Thiagarajan／ナカニシヤ出版）。「白線を踏《ふ》むと感電死する！」みたいな日常の中に遊びを見つける『**みんなのひとり上手手帖《てちょう》**』（クリハラタカシ／ナナロク社）も楽しい。ことば遊びならば『**ことばおてだまジャグリング**』（山田航《やまだわたる》／文藝春秋《ぶんげいしゅんじゅう》）、『**土屋耕一のことばの遊び場。**』（土屋耕一著／和田誠《わだまこと》・糸井重里《いといしげさと》編／東京糸井重里事務所）、『**たほいや**』（フジテレビ編／フジテレビ出版）。

インターフェイスデザインについてなら『**誰《だれ》のためのデザイン？**』（D・A・ノーマン著／岡本明《おかもとあきら》ほか訳／新曜社）を基本として、『**融《と》けるデザイン**』（渡邊恵太《わたなべけいた》／BNN新社）を。

トランプ本は、まずおもしろいトランプゲームをピックアップして解説した『**もっと夢中になる！ トランプの本**』（草場純／主婦の友社）。さらに『**トランプゲーム大全**』（赤《あか》桐《ぎり》裕二《ゆうじ》／スモール出版）、『**トランプゲーム大全［2人用］**』（田中．ROM／スモール出版）は2冊とも膨大《ぼうだい》なトランプゲームを一覧できる大ボリュームな大全。『**大人が楽しい トランプゲーム30選**』（すごろくや／スモール出版）もオススメ。

『**国産RPGクロニクル**』（渡辺範明《わたなべのりあき》／イースト・プレス）は、制作体制、システム、物語の描《えが》き方《かた》など多角的な視点で、ドラクエとFFを中心に日本のRPGの変化をぎゅっと俯《ふ》瞰《かん》した本。

フィクションでオススメは、盤上遊戯《ばんじょうゆうぎ》の凄《すご》さを描いた短編集『**盤上の夜**』（宮内悠介《みやうちゆうすけ》／創元ＳＦ文庫）が絶品。囲碁《いご》の没入《ぼつにゅう》する凄さを描いた『**入神**』（竹本健治／南雲堂）、『**ヒカルの碁**』（ほったゆみ原作、小畑健《おばたたけし》作画／集英社）、デスゲーム的フィクションは『**カイジ**』シリーズ（福本伸行《ふくもとのぶゆき》／講談社）、『**バトル・ロワイアル**』（上・下／高見広春《こうしゅん》／幻冬舎《げんとうしゃ》文庫）、『**クリムゾンの迷宮《めいきゅう》**』（貴志《きし》祐介《ゆうすけ》／角川ホラー文庫）。異世界でダンジョンデザイナーが冒険者《ぼうけんしゃ》を満足させるおもしろいダンジョンをデザインするマンガ『**商業ダンジョンとスライム魔《ま》王《おう》**』（チャレヒト原作、緑豆作画、藍葉《あいば》悠気《ゆうき》ネーム構成／ＫＡＤＯＫＡＷＡ）もオススメ。ゲーム制作現場を描いたマンガは『**東京トイボックス**』（うめ／幻冬舎コミックス）、『**ここは鴨川ゲーム製作所**』（スケラッコ／竹書房）をオススメ。ゲームＳＦ短編アンソロジーの『**スタートボタンを押《お》してください**』（Ｄ・Ｈ・ウィルソン＋Ｊ・Ｊ・アダムズ編／中原尚哉《なかはらなおや》・古沢嘉通《ふるさわよしみち》訳／創元ＳＦ文庫）、ＲＰＧをモチーフにした『**ブレイブ・ストーリー**』（上・中・下／宮部《みやべ》みゆき／角川文庫）、オリジナル野球ゲームに没入するダメ男を描いた『**ユニヴァーサル野球協会**』（ロバート・クーヴァー著／越川芳明《こしかわよしあき》訳／白水Ｕブックス）もぜひ。

次に遊んでほしいボードゲーム

オススメのボードゲームをあげていくとキリがないので、デジタルハリウッド大学で米光一成が担当している「ゲームメカニクス」というボードゲームを遊ぶ授業で、取り上げているものをリストアップしよう。

全8回の授業で、状況《じょうきょう》に応じて多少は変化するのだが、基本はこの流れ。

第1回目は、自己紹介もかねて米光一成がつくったゲームを遊ぶ。『**はぁって言うゲーム**』（米光一成／白坂翔《しらさかしょう》：JELLY JELLY GAMES／幻冬舎）、『**あいうえバトル**』（米光一成／Anaguma／幻冬舎）、ルールがシンプルで誰でも楽しめるゲームと、1人から100人まで遊べるのでイッキに全員でプレイする『**ピラミッドパワー**』（米光一成／Anaguma）を中心にプレイ。

第2回目は、シンプルなゲームが中心。同時に手札を出すので順番待ちの時間が少ない『**ニムト**』（ヴォルフガング・クラマー／クラウス・パレシュ／メビウスゲームズ）、リアルタイムにわちゃわちゃ遊ぶ『**ピット**』（エドガー・ケイシー＋ハリー・ガビット＋ジョージ・パーカー／アークライト）、犯人や探偵《たんてい》の役割が移り変わる『**犯人は踊《おど》る**』（鍋野《なべの》企《き》画《かく》／すごろくや）、たった10分で決着がつく『**ワンナイト人狼《じんろう》**』（akidelic/One night jinro）。マニュアルを読んでルールを理解するトレーニングの回でもある。

第3回目は、さんぽをしながら遊ぶ『**ドロッセルマイヤーさんのさんぽ神**』（渡辺範明／ドロッセルマイヤーズ）、J-POPを流してカルタする『**狩歌《かるうた》**』（椎名《しいな》隼也《としや》・中森源《なかもりげん》／Xaquinel）、沈黙《ちんもく》し時間を感じながら遊ぶ『**ザ・マインド**』（ヴォルフガング・ウォルーシュ／アークライトゲームズ）など、スタイルがユニークなゲームを遊ぶ。

第4回目は、物語性の生じるゲーム『**デックスケープ**』（マルティーノ・シアチエラ／シルヴァーノ・ソレンティーノ／株式会社ジーピー）、『**ミクロマクロクライムシティ**』（ヨハネス・シック／ホビージャパン）、『**そういうお前はどうなんだ?**』（黒田《くろだ》尚吾《しょうご》／グループSNE）などをプレイ。

第5回目は、精緻《せいち》さと大胆《だいたん》さがまじりあう仕組みを持つ傑作《けっさく》『**宝石の煌《きらめ》き**』（マーク・アンドレ／ホビージャパン）。少しルールが複雑化してくるが、ここまで培《つちか》ったゲーム感覚でわりとみんなスムーズに遊べて、ハマる。

第6回目は、世界的ゲーム賞三冠《かん》達成の傑作『**ドミニオン**』（ドナルド・X・ヴァッカリーノ／ホビージャパン）。プレイ中にデッキ構築していく感覚のテーブルゲームで、授業時間が終わってもプレイし続ける人も出てくる。

第7回目は、ドイツ年間ゲーム大賞エキスパート部門受賞作『**チャレンジャーズ！**』(ヨハネス・クレナー／マルクス・スラウィチェック／ホビージャパン)。最大8人プレイだけど、対決は2人プレイで、席替《せきが》え、デッキ構築しながら戦《たたか》い抜《ぬ》いていくゲーム。

第8回目は、『**ハグル**』。『**シド・サクソンのゲーム大全**』(シド・サクソン著／竹田原裕《たけだはらゆう》介《すけ》訳／ニューゲームズオーダー)に掲載《けいさい》されているゲームだ。断片化《だんぺんか》されたルールを交渉《こうしょう》して集めながら勝利を目指す。全員でいっせいに教室をうろうろと歩き回りながらわいわい話し合って遊ぶ。遊んだ後に、さらなるルール改善をディスカッションするのも楽しい。

米光一成

よねみつ・かずなり

広島生まれ。ゲーム作家・ライター・デジタルハリウッド大学教授。コンピュータゲームからアナログゲームまで幅広い作品をつくる。代表作『ぷよぷよ』『BAROQUE』『はぁって言うゲーム』『あいうえバトル』『ピラミッドパワー』『言いまちがい人狼』『負けるな一茶』『むちゃぶりノート』『記憶交換ノ儀式』など。note「表現道場マガジン」で表現力・発想力を鍛えるための活動に取り組む。著作に『思考ツールとしてのタロット』や『東京マッハ 俳句を選んで、推して、語り合う』（共著）などがある。note：https://note.com/yonemitsu

ちくまQブックス

人生《じんせい》が変《か》わるゲームのつくりかた

いいルールってどんなもの？

2024年10月5日　初版第一刷発行

著　者　米光一成
装　幀　鈴木千佳子
発行者　増田健史
発行所　株式会社筑摩書房
東京都台東区蔵前2-5-3　〒111-8755
電話番号03-5687-2601（代表）
印刷・製本　中央精版印刷株式会社

ISBN978-4-480-25151-0 C0376